ETIQUETA 3.0
VOCÊ "ON-LINE" & "OFF-LINE"

Hegel Vieira Aguiar
Ligia Marques

generale

Diretor-presidente
Henrique José Branco Brazão Farinha
Publisher
Eduardo Viegas Meirelles Villela
Editora
Cláudia Elissa Rondelli Ramos
Projeto Gráfico e Editoração
S4 Editorial
Capa
SGuerra Design
Preparação de Texto
Sandra Scapin
Revisão
Bel Ribeiro
Impressão
Loyola

Copyright © 2011 *by* Editora Évora Ltda.

Todos os direitos desta edição são reservados à Editora Évora.

Rua Sergipe, 401 – Cj. 1.310 – Consolação
São Paulo – SP – CEP 01243-906
Telefone: (11) 3562-7814/3562-7815
Site: http://www.editoraevora.com.br
E-mail: contato@editoraevora.com.br

DADOS INTERNACIONAIS DE CATALOGAÇÃO NA PUBLICAÇÃO (CIP)

M319e

    Marques, Ligia

       Etiqueta 3.0 : atitude e comportamento on-line & off-line / Ligia Marques e Hegel Vieira Aguiar. – São Paulo : Évora, 2011.

    184 p.

    ISBN 978-85-63993-12-0

       1. Redes de relações sociais – Aspectos sociais. 2. Mídia digital – Aspectos sociais. 3. Etiqueta. 4. Conduta. I. Aguiar, Hegel Vieira. II. Título.

CDD 303.4833

José Carlos dos Santos Macedo   Bibliotecário CRB7 n.3575

Agradecimentos

Elaborar um livro é uma tarefa que, muitas vezes, se torna impossível sem a colaboração de amigos.

Este foi assim. Pela sua própria essência, foi feito de colaborações, e com isso tivemos a oportunidade de conhecer pessoas incríveis e selarmos novas amizades.

Gostaríamos muito de agradecer a disponibilidade, a confiança e a ajuda daqueles que nos honraram com suas opiniões, textos, imagens e indicações, em especial a:

Gil Giardelli (@gilgiardelli) e **Astrid Sayegh (@astridsayegh)**, que nos presentearam cada qual com um capítulo de inestimável importância;

Anderson Alves (@andersonfala), pelo prefácio;

Mauricio Magalhães (@agenciatudo), pela apresentação da obra;

e também aos muito queridos:

Ana Virginia Vivalva	Daniel Regis	@lucianopalma
Ângela De Negri	Dayana Martins	@marcelleonardi
Andre Dornelles	Eduardo Damasceno	M. Christina Freeman
Andréa Tertuliano	Emilia Camargo	Maria Lucia Smith
Arlon Souza	Fabiano Durand	@missmoura
@agenciatudo	Fábio Rubira	Miriam Mahana
@amandacmsm	Fátima Lopes	@onlinefulltime
@anamariacoelho	Flávia C. M. M. Martins	@pacarmo
@andersoncoouto	@gabrieleite	Rafael Gonzalez
@andretelles	@henriqueautran	Reinaldo Passadori
@augustodefranco	@jlgoldfarb	@rmacomunicacao
Chris Lapoian	Júlio Marcondes	Renata Paes
Claudia Duarte	@julinscruz	Rodrigo Mineu
Claudio Cardoso	Ligia Aguiar	@rogerioleao

Agradecimentos especiais de Hegel Vieira Aguiar

Além da colaboração dos amigos presentes em minha vida no universo *on--line* e *off-line*, agradeço aos meus familiares que, com um amor incondicional, me motivam a correr atrás de objetivos e sonhos pessoais e profissionais. Em especial a minha mãe, Clícia, alicerce da minha vida, segurança de minhas emoções. A meu pai, Helio Aguiar, sempre me inspirando com sua dedicação e postura ética no trabalho.

Aos meus irmãos Helga, Hélvia e Helio, a família "H", cuja amizade e união crescem a cada dia, principalmente com a chegada dos mais novos integrantes, meus lindos sobrinhos Bernardo e Rafaela, esta já antenadíssima no mundo digital.

Uma parceria perfeita multiplica nossas forças e torna mais leve a caminhada para o alcance dos nossos sonhos e objetivos. Esses caminhos venho dividindo com grandes amigos e parceiros, minha segunda família: Anderson Couto e Maria das Graças Santos, a quem submeti diversas vezes a avaliação dos textos e ideias que compõem o conteúdo do livro, e que contribuiu com sugestões que foram essenciais para minhas conclusões.

Para finalizar, agradeço a Ligia Marques, uma mulher com uma sabedoria incrível, cuja intuição a levou a confiar em meus conhecimentos. Confiança que a fez enxergar em mim um parceiro de trabalho, uma pessoa com quem iria somar as suas *expertises* para gerar este livro, o meu sonho antecipado.

Sem vocês este trabalho não existiria.

#Valeu !

Sumário

Prefácio	xi
Apresentação	xiii
Comentário dos autores	xv
As redes sociais que mudaram o mundo	xvii
Introdução	xxv

CAPÍTULO 1
O eu entre dois mundos: uma visão filosófica
das mídias sociais — 1

CAPÍTULO 2
Definindo seus objetivos nas mídias sociais — 16

CAPÍTULO 3
Do que, afinal, estamos falando? — 28

CAPÍTULO 4
Sua identidade nas mídias sociais — 61

CAPÍTULO 5
Gestão da sua imagem nas mídias sociais — 75

CAPÍTULO 6
As grandes gafes — 84

CAPÍTULO 7
Você sonhou hoje? — 133

Glossário das mídias sociais — 141

Conclusão — 147

Prefácio

Etiqueta nas mídias sociais? Isto realmente é importante? Como empresas e usuários se comunicam e se relacionam no ambiente web? Por que você deveria se preocupar em como escrever um e-mail ou uma mensagem no Twitter? Como as pessoas estão percebendo a imagem da sua empresa e a pessoal na internet?

Pessoas de todas as idades e origens estão compartilhando mais de suas vidas atualmente por meio de *blogs*, fotografias, vídeos e outros serviços *on-line*. Na maioria das vezes é uma maneira divertida e interessante para se socializar. Mas também pode trazer problemas. Será?

Respondendo a todos esses questionamentos e muito mais, *Ligia Marques* e *Hegel Vieira* nos brindam com um manual cheio de dicas sobre boas maneiras no uso das mídias sociais. Uma obra inédita que faltava na literatura brasileira! Este livro ajudará empresas e usuários a entenderem o poder de se investir em uma apresentação digital, gerenciando perfis *Web* de forma profissional.

Um livro recheado de exemplos práticos, que nunca estará desatualizado, pois o conteúdo será dinâmico, podendo ser atualizado *on-line*.

Na era da transparência, aprender a gerenciar sua reputação *on-line* de forma mais eficaz é imperativo. Descubra ótimas oportunidades de potencializar seu marketing pessoal usando as informações preciosas deste livro.

Boa leitura e sucesso!

ANDERSON ALVES
Bacharel em Design de Interface, pós-graduado em Direito Penal,
MBA em Marketing, analista de Mídias sociais,
gerente de projetos Web, consultor em marketing
e planejamento estratégico digital, consultor na Bazeggio
Consultoria, colaborador do www.reunamos.com Brasil

Apresentação

Fui convidado pelos autores deste livro para escrever sua apresentação. O convite recaiu sobre alguém absolutamente normal, que nasceu num mundo completamente analógico e deseja, como muitos, se tornar digital no dia a dia.

Obviamente, todos sabem que estamos vivendo uma fase de mudanças profundas, que podem ser observadas em tudo o que nos cerca, desde o modo como nos relacionamos, compartilhamos informações, realizamos uma compra, nos comunicamos e até aquele como nos comportamos. Mas ainda não sabemos exatamente qual será o impacto desse novo cenário no futuro nem aonde isso tudo vai parar. Penso que a História vai, seguramente, nos comparar de várias formas à Revolução Industrial do final do século XIX e início do XX, com impacto de proporção igual ou infinitamente maior.

Na minha visão, este livro tem a missão de contribuir para a reflexão sobre valores, comportamentos e posturas aceitáveis nesse *"Life Game"* e de avaliar, sob um ponto de vista eticamente responsável, casos positivos e negativos de exposição à atmosfera digital.

Estamos no olho desse furacão, que ganha pressão, velocidade e se locomove desordenadamente. Testemunhamos momentos similares na História, quando conceitos, valores e códigos de ética evoluiram ao longo do tempo. Estamos em mais uma dessas fases, e algumas questões surgem deste mundo digital que nos leva a caminhos sobre os quais não temos o menor controle e cujos modelos de negócios começam a se fortalecer e se solidificar: Que cuidados devemos tomar? Que preocupações devemos ter? Quais serão os impactos em nosso cotidiano? O que devemos acompanhar na criação dos filhos?

Resumindo, penso que o leitor, a partir deste livro, poderá criar uma visão crítica sobre o período que estamos vivendo – um mundo sem fronteiras, que demanda uma nova forma de conduta.

Espero (e torço muito) que você, leitor, "compartilhe" esse mesmo desejo e consiga, assim como eu, sobreviver e absorver rapidamente este novo mundo que se forma. Boa leitura! E aos autores, desejo sucesso com este livro.

MAURICIO MAGALHÃES
Presidente da Agência Tudo

Comentário dos autores

Neste livro, exemplificaremos vários casos de mau uso das mídias sociais por meio de *posts* verdadeiros, retirados principalmente do Twitter.

Ao longo deste trabalho, o Twitter, pela sua própria estrutura mais simplificada de 140 caracteres, postagem em tempo real e possibilidade de uma maior visualização concomitante de *posts* de vários autores, se mostrou a melhor fonte de *cases*, daí sua prevalência na amostragem de exemplos.

Características como as do Twitter acabam por instigar a impulsividade das pessoas, origem de grande parte das gafes.

A fim de preservar a identidade dos usuários dessa mídia social, procuramos tornar ilegíveis os dados de identificação das postagens. E, embora o caráter aberto e público de qualquer postagem em mídias sociais nos autorize a publicação com sua respectiva identificação, optamos, ainda assim, por mascará-las. Casos em que isso não ocorreu referem-se a *posts* com publicação expressamente autorizada pelo autor ou de fontes da imprensa.

Apesar da maior presença do Twitter nas páginas a seguir, deixamos claro que as observações e críticas feitas são aplicáveis ***a todo tipo de mídia social.***

O código de conduta básico do usuário das mídias sociais sugere que se seja autêntico, transparente. No entanto, este conselho, quando mal interpretado, pode dar origem a postagens totalmente inadequadas. Opinar sobre assuntos a respeito dos quais não entende, por exemplo, é uma maneira bastante arriscada, até mesmo leviana, de se participar das mídias sociais.

As mídias sociais estão à disposição de todos, mas, para evitar cometer gafes cibernéticas e sofrer críticas mais severas ou perder seus seguidores, seus amigos, ou talvez até seu emprego, procure ouvir, informar-se, conhecer, perguntar e tirar dúvidas. E leia este livro, pois são estas as diretrizes que nos propomos a lhe transmitir.

Disponibilizamos um vasto conteúdo *on-line* que complementa esta leitura, e que será atualizado conforme haja necessidade e novidades no mundo *on-line* que mereçam ser comentadas. Procure acessá-lo pelo endereço: www.etiqueta3ponto0.com.br.

As redes sociais que mudaram o mundo

Enganam-se aqueles que pensam em redes sociais como um fenômeno surgido no século XXI. Se voltarmos na história da humanidade, perceberemos vários momentos em que a necessidade de criar e de aumentar o círculo de relacionamento pessoal foi motor de importantes inovações e mudanças sociais.

Uma rede social é uma estrutura composta por pessoas ou organizações, agregadas por um ou mais tipos de relações, que possuem uma identidade em comum e que partilham valores, interesses e objetivos. Ou seja, é uma estrutura social de caráter não permanente, cujo alto grau de maleabilidade é ditado pela movimentação de seus membros.

augustodefranco Augusto de Franco
Todos esses receituários que pretendem ensinar a fazer redes, em geral não servem porque confundem redes sociais com midias sociais.

augustodefranco Augusto de Franco
Então elencam 5 passos, recomendam 10 medidas, sugerem 15 procedimentos, dão 20 dicas para você usar melhor alguma midia.
7 Jan

xviii Etiqueta 3.0: você on-line & off-line

augustodefranco Augusto de Franco
Mas não falam nada sobre seus encontros com seus amigos na sua casa, nos restaurantes, nas festas, no seus locais de estudo e trabalho.

augustodefranco Augusto de Franco
Ou seja, não falam das redes sociais propriamente ditas.
7 Jan

Assim, muito antes do que se pode imaginar, as redes sociais "*off-line*", por assim dizer, já davam sinais de vida, visto que associações de pessoas com interesses ou características semelhantes são encontradas desde a época dos primeiros hominídeos, que se juntavam em *clãs*.

Clãs e tribos, que podem ser considerados os primórdios de nossas modernas redes sociais *on-line*, eram grupos de pessoas unidas por uma característica comum: a consanguinidade. E esses grupos de parentesco foram paulatinamente sendo aumentados com a associação de membros vindos de casamentos intertribais.

Podemos pensar também na evolução dos cultos religiosos como elemento de expansão de redes sociais. Nessa linha, Jesus teria sido o criador de uma rede social a partir de 12 membros iniciais (os 12 apóstolos), que logo a difundiram e a ampliaram por todo o mundo.

As inúmeras sociedades secretas são outro bom exemplo de redes sociais que tiveram surgimento há centenas de anos.

Pré-história	Clãs & Tribos
Ano 0	Jesus Sociedades secretas
1270	Cavaleiros da Távola Redonda
1776	Illuminati
1832	Skull and bones

Cada uma delas, desde os tempos remotos até a época atual, abrigava e ainda abriga membros com interesses em comum, e nelas há a circulação de conhecimentos, informações e regras exclusivos a eles.

A maioria dessas sociedades secretas teve ou tem uma base religiosa ou mística, mas vemos também redes deste tipo de natureza política, puramente racista ou até mesmo criminosa, como a Máfia, a Al-Qaeda, a Ku Klux Klan (KKK) e a Yakuza, entre outras.

No final do século XIX e início do XX, dois padres, o brasileiro Roberto Landell de Moura e o italiano Guglielmo Marconi, estabeleceram a primeira transmissão por rádio, inaugurando o radioamadorismo no mundo – ora, temos aqui o surgimento de uma rede social bastante semelhante às modernas digitais que abordaremos neste livro!

Radioamadores unem-se em uma rede social que, por meio de uma comunicação mais bem resolvida tecnologicamente, via rádio, pretende manter uma conexão para divulgar comunicados, conversas pessoais, concursos internos e auxílio a autoridades em situações emergenciais. Em 1914, a Associação Americana de Radioamadores criou as regras para o uso deste tipo de rede.

Nas décadas de 1980 e 1990, mais precisamente em dezembro de 1982, seguindo uma nova tendência mundial,

1865	Máfia Ku Klux Klan (KKK)
1914	Radioamadorismo
1956	Invenção do telefone celular
1969	Criação da internet nos Estados Unidos com fins científicos e militares
1981	Osbourne

é inaugurado no Brasil um novo sistema de comunicação, operado inicialmente pela Telebrás, chamado Videotexto (VTX), oferecendo serviços semelhantes aos da Web, tais como fóruns de discussão, *chats*, notícias e serviços públicos de consulta. A grande vedete desse sistema é o Videopapo, precursor das atuais salas de bate-papo.

O interesse pelos Videotexto e Videopapo possibilitava às pessoas se encontrarem em locais em que houvesse um desses terminais e lá acabavam por formar um novo grupo de amizade. A troca de mensagens pelo VTX possibilitava e incentivava as pessoas a se conhecerem pessoalmente.

Inúmeros outros exemplos poderiam ser relacionados aqui.

Como se pode perceber, a iniciativa de agrupar-se de alguma forma a outras pessoas que pareçam interessantes e com elas iniciar algum tipo de contato e troca – de material, de informação, de conhecimento e de poder, entre outras – faz parte da natureza humana.

Esta necessidade permanece viva, e no século XXI vemos acontecer o aperfeiçoamento de seu formato com o uso da internet como meio de dissipação e expansão das redes.

A internet foi criada em 1969, com um projeto do governo norte-americano denominado Arpanet, que objetivava interligar universidades, centros de estudos e pesquisa milita-

1982	Videotexto
	Notebook
1985	Videotexto disponibilizado para MSX
1990	Primeiro telefone celular no Brasil
1991	Criação do www Internet no Brasil

res. Naquela época, as possibilidades de comunicação eram praticamente restritas a *e-mails*. Depois, foram criados o FTP (transferência de arquivos), a Telnet (acesso de sessões em *hosts*) e outros sistemas de comunicação aplicados à internet, mas seu desenvolvimento mais acelerado aconteceu a partir dos anos 1980, quando várias instituições de outros países interligam-se às instituições norte-americanas e criam uma grande rede de cunho científico.

A rede vai se tornando conhecida, e cresce a pressão para que se estenda às empresas. Assim, no início dos anos 1990, a internet é aberta para uso comercial. Começa, então, uma nova fase na comunicação da humanidade.

Logo em seguida, em 1991, Tim Berners-Lee elabora o WWW (World Wide Web), que serve de base para que, em 1993, seja criado o navegador Mosaic, primeiro para a plataforma Unix, e, ainda no mesmo ano, para o Windows. O Mosaic permitiu a navegação de forma mais fácil entre as páginas e possibilitou a criação de conteúdos usando um simples editor de texto e uma linguagem também simples, denominada HTML (Hiper Text Markut Language).

No Brasil, a internet chega em 1991, inicialmente destinada apenas a fins científicos, e já em 1995 seu acesso é liberado para fins comerciais.

1992	Thinkpad
1996	Registro do domínio Google
1997	Primeira rede social Sixdegrees
1999	Blogs i-Book
2000	Live Journal, Asianevenue, Blackplanet, Fotolog, Cyworld, Ryze, Friendster

Seguindo o curso dos acontecimentos, em 1996, nos Estados Unidos, dois estudantes criam a principal ferramenta de busca *on-line* – o Google Search –, e em 1997 o domínio www.google.com é registrado.

Em 1997 é criada a Sixdegrees – a primeira rede social virtual. Este foi o primeiro *site* a possibilitar uma interação pessoal utilizando a criação de um perfil e a publicação de contatos pessoais. Apesar de inúmeros participantes, a Sixdegrees não consegue se sustentar financeiramente, e é abandonada três anos após sua criação. Também em 1997 eclode o fenômeno dos *blogs*, que, mais do que uma forma de divulgação de ideias e informações, se torna instrumento de uma nova profissão no mercado: blogueiro profissional.

A partir do ano 2000 houve uma grande proliferação de mídias sociais semelhantes às que conhecemos hoje, como Live Journal, Friendster, Asianevenue, Blackplanet, LuinarStorm, Migente, Cyworld, Ryze e Fotolog. Destas, a Friendster foi a que mais se assemelhou aos formatos das mídias sociais atuais, mas, sem conseguir dar conta de seu próprio crescimento, acabou perdendo usuários ao limitar as funcionalidades do serviço em razão de falhas no seu dimensionamento diante da crescente demanda.

Algumas mídias sociais surgem com objetivos específicos, como o Linkedin, em 2003, que coloca interessados das mais variadas profissões em *networking*.

2003	Linkedin
	MySpace
2004	Orkut
	Flickr
2005	Orkut em português
	YouTube
2006	Twitter

Em 2004 o Google cria o Orkut, sua própria rede de relacionamento social, que chega a ser a maior em número de participantes durante muito tempo. E em abril de 2005 surge a versão Orkut em português, abrindo de vez as portas das redes para o público brasileiro.

Crie sua conta:
www.orkut.com

E nessa sequência ocorre outra surpresa: em 2006 surge o *microblog* Twitter (nascido com o nome de Twttr), que vem expor ao mundo, em poucas palavras, o dia a dia da sociedade do século XXI. Em 2007 é definido o formato de 140 caracteres para a participação dos usuários do Twitter com o seguinte *slogan* "*One could change the world with one hundred and forty characters*" [Podemos mudar o mundo com cento e quarenta caracteres].

Crie sua conta :
www.twitter.com

Um dos filhos mais novos e mais famosos dessa nova geração de mídias sociais é o Facebook, criado em 2007. Em apenas três anos, o Facebook consegue a façanha de abocanhar um grande número de usuários de outras mídias, até mesmo daquela administrada pelo Google, ultrapassando todas as expectativas.

Crie sua conta:
www.facebook.com

Não deixe de assistir a *The Social Network*, filme de Aaron Sorkin, dirigido por David Fincher, que conta a história da criação desta mídia social.

2007	140 caracteres no Twitter Sonico Facebook
2009	Formspring
	Foursquare
2010	Mais de 90 mídias sociais

E assim como as coisas acontecem na rede, a velocidade na criação de novas ferramentas de comunicação parece não ter fim. Esta tendência de compartilhamento já é um caminho sem volta, no qual os números mostram sua força e vitalidade crescentes.

Introdução

Navegar é preciso, viver não é preciso.
Quero para mim o espírito desta frase, transformada
A forma para a casar com o que eu sou:
Viver não é necessário; o que é necessário é criar...
FERNANDO PESSOA

O mundo atual, em que vivem pessoas e empresas de comunicação, de marketing e de tantos outros mercados profissionais, tem a internet como suporte e plataforma. E este incrível mundo tecnológico é também fonte garantida de diversão, vínculos sociais, conhecimento, incremento profissional e, por que não, puro passatempo e ócio.

Todas essas possibilidades estão fundamentadas em um novo tipo de comunicação, que, apesar de bastante difundido, peca por não oferecer uma base comportamental adequada aos seus usuários – estamos nos referindo às Mídias Sociais.

Empresas e usuários individuais têm se apropriado dessas novas ferramentas, muitas vezes de maneira equivocada, displicente ou carente de orientação.

Neste livro, procuraremos esclarecer **o que** são estes instrumentos de comunicação e **quais** são seus objetivos, além de oferecer às pessoas alguns **critérios comportamentais** para que possam se basear neles em suas futuras intervenções.

Comprometer uma imagem pessoal ou profissional por meio de uma postagem **impulsiva** é muito fácil, bastam alguns minutos e uma clicada. Retomar a credibilidade perdida neste *click*, porém, é tarefa árdua, e muitas vezes impossível de ser conseguida.

Juliana Abrusio, professora de direito eletrônico da universidade Mackenzie, aponta que o afã de fazer um desabafo, de exprimir uma opinião ou de simplesmente demonstrar atitude crítica em relação a algo faz com que as pessoas percam a ideia do alcance da internet.

"Se você fala mal de alguém numa mesa de bar com seis pessoas, ele fica ofendido, mas é suportável. Quando vai para 6.000 ou 6 milhões de pessoas, a pessoa pode ser destruída", afirma.

Dois rapazes, um da região de Campinas, outro de Piracicaba, acabaram demitidos por justa causa após postagens inconsequentes.

O primeiro publicou no Orkut que estava furtando notas fiscais da empresa onde trabalhava. O segundo postou no YouTube um vídeo em que dava cavalos de pau com a empilhadeira da empresa.

Ambos entraram com ações na Justiça do Trabalho a fim de reverter o caráter da demissão, mas perderam.

Fonte: *Folha de S.Paulo* – 30/Jan./2011.

Esperamos que, após a leitura deste livro, o leitor realmente passe a valorizar a boa educação na rede tanto quanto a valoriza no mundo real, e passe a aplicar o que lhe foi **aconselhado**. E esperamos mais: que ele vá além das páginas lidas, acessando o conteúdo exclusivo disponibilizado na rede e compartilhe conosco e com os demais suas experiências em relação a este tema.

Temos de nos valer de muito bom-senso, criatividade, educação e respeito ao próximo para nos aperfeiçoarmos cada vez mais no uso dessas ferramentas de comunicação, cuja relevância em nossa vida não podemos mais ignorar.

As mídias sociais são plataformas que se transformaram em verdadeiras fontes de recomendações. Por meio delas é possível obter uma radiografia completa de um indivíduo:

PERSONALIDADE
COMPORTAMENTO
PREFERÊNCIAS
COSTUMES
VALORES
CULTURA

E até mesmo seu estado de espírito.

Podemos saber quem ele é apenas pela análise do que é escrito, sem nenhum contato, mas apenas investigando e extraindo percepções e interpretações das palavras.

Assim sendo, adotaremos o seguinte mantra:

> Você é aquilo que compartilha.
> Compartilhar é preciso.

"Chama-se de 'imperativo da visibilidade' esta necessidade de exposição pessoal, de compartilhamento público de questões antes limitadas à esfera privada. Hoje é preciso ser visto para existir no ciberespaço" (Sibila 2003). E assim, seguindo esta tendência de se fazer presente sempre e de todas as formas que estiverem ao alcance, as pessoas oferecem tudo o que têm para as redes, muitas vezes sem avaliar corretamente aquilo que estão tornando público.

Concluímos, então, que para gerar **percepções positivas** nos ambientes **digitais** temos de levar em conta a existência de pilares que **sustentam** e **compõem** nossa **vida** *off-line*, e os principais são:

- Família
- Amizade
- Relacionamentos afetivos e profissionais.

Nas mídias sociais, esses pilares se **integram**, influenciando a maneira como as pessoas percebem umas às outras, e retratam com **transparência** a **vida** de cada uma delas.

Torna-se, portanto, imperativo que haja um equilíbrio entre essas relações, que deixaram de ser privadas, e que exista mais responsabilidade e controle sobre o que compartilhar.

A falta de entendimento desta dinâmica por grande parte dos usuários vem transformando os *Websites* sociais mais populares do Brasil num grande palco de **gafes**, que resultam em fins de namoros, casamentos, amizades, e até mesmo de carreiras.

21/01/2011 13h23 - Atualizado em 21/01/2011 14h15

Para STJ, Google não é responsável por conteúdo postado no Orkut

Empresa foi processada por não fiscalizar informações ofensivas no Orkut. Decisão servirá de precedente para outros processos envolvendo a internet.

Fonte: *Folha de S.Paulo* – 21/Jan./2010.

Palmatória

Depois de ser colocada para fora da sala por se desentender com professor, aluna do colégio São Sabas, em SP, o ofendeu pelo Twitter. Segundo a adolescente, seu único canal de manifestação, pois a direção não quis ouvir suas queixas. Resultado? Foi expulsa.

Fonte: *O Estado de S.Paulo* – 30/Jan./2011.

Tuitar pelos cotovelos só é vantagem para quem não tem nada a perder

"CASES" COMO O DAS ELEIÇÕES DOS EUA DEIXARAM IDEIA DE QUE É PRECISO TUITAR A GRANEL

DANIEL BERGAMASCO
EDITOR-ADJUNTO DE COTIDIANO

Uma das primeiras grandes ilusões sobre as vantagens de tuitar pelos cotovelos veio da campanha de Barack Obama à Casa Branca, em 2008. Tornaram-se simbólicas as fotos do democrata pendurado no Blackberry.
Com mais seguidores que os concorrentes, ele também acabou por colocar mais voluntários pelas ruas e arrecadar mais dinheiro. Ficou a falsa ideia de que uma coisa possa ter sido consequência direta da outra e, pela distorção de "cases" como esse, propagou-se a imagem de que tuitar a granel pode ser uma boa maneira de cativar a internet, fazer negócios e influenciar pessoas. Obama, contudo, nunca tuitou pelos cotovelos, nem pelo fígado. Suas mensagens refletiam um discurso estudado, gerado em laboratório.

Fonte: *Folha de S.Paulo* – 30/Jan./2011.

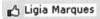

Em março de 2010, ao festejar a vitória do Corinthians, o diretor comercial da Locaweb postou uma mensagem ofensiva à torcida do São Paulo Futebol Clube (SPFC) no seu Twitter. Essa atitude, aparentemente comum entre torcedores na vida *off-line*, motivou sua justa demissão, pois, de forma impensada, ele envolveu o nome da empresa em que trabalhava – a Locaweb é uma das patrocinadoras do SPFC.

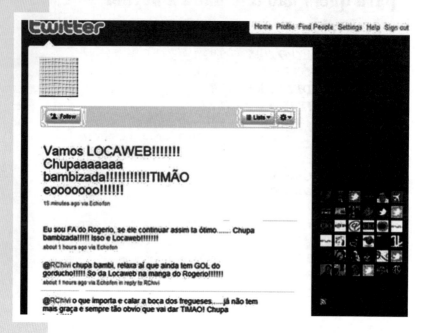

Quando do surgimento das primeiras mídias sociais, as pessoas iniciavam sua participação individualmente, objetivando coisas simples, como reencontrar antigos amigos, colegas de escola, fazer novas amizades, iniciar um relacionamento amoroso ou apenas trocar ideias. Adolescentes rapidamente as adotaram como forma de ficar *on-line* com os amigos, substituindo o tradicional uso do telefone – agora, as conversas entre eles poderiam durar horas sem que os pais reclamassem do valor da conta!

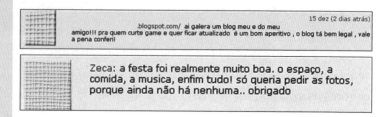

Introdução xxxi

> Gui: Queria mais uma vez agradecer pela festa, estava tudo otimo, o espaco, a musica, a comida... Fiquei sabendo que estao comentando que serviram bebidas alcolicas na festa, o que nao aconteceu! Obrigado denovo por tudo, nao poderia estar melhor!

> Luísa:
> hahahahaha entendi... me conta depois o nome escolhido, eu diria que luisa é um bom nome pra gatinhas HAHAHAHAHA, ai eu sou mesmo engraçada! como estao suas ferias??

Ligia Marques   e Hegel Vieira   curtiram isso.

E assim, partindo de manifestações simples, a participação das pessoas nas diversas mídias sociais abriu novas possibilidades de visibilidade a pessoas que antes não conseguiam ser percebidas pela sociedade ou por parte dela.

Hoje, todos que se dispuserem a opinar, compartilhar, divulgar ou criar conteúdos têm nestas ferramentas um caminho aberto e ilimitado.

> **luciele**
> "Todo mundo quer ser famoso. A vantagem é que a rede social torna isso mais fácil." #smwsp
> 2 hours ago

Capítulo 1

O eu entre dois mundos: uma visão filosófica das mídias sociais

PROFA. ASTRID SAYEGH
Pós-doutoranda e pesquisadora em Filosofia pela Universidade de São Paulo
Presidente do Instituto Espírita de Estudos Filosóficos – @ieefilosoficos

Torna-se importante questionar o quanto a tecnologia midiática passa a afetar nosso comportamento e o quanto influencia nossa personalidade.

Analisemos inicialmente a concepção de **homem** segundo a filosofia contemporânea: hoje, não importa mais o homem considerado de forma abstrata e em geral, mas o indivíduo como um *ser-no-mundo, na existência,* o ser em relação, em determinada situação, ou seja, em seu **contexto** social, cultural e econômico.

O existente é aquele que tem consciência da sua condição no mundo, que questiona seu futuro e escolhe sua vida.

Não basta apenas viver, mas construir a existência com consciência, fazer escolhas, e *responder com responsabilidade* pelas suas escolhas e suas ações.

Efetivamente, que é o eu? O **eu é aquilo que ele mesmo constrói** diante das possibilidades de escolha e em meio ao contexto e à situação em que vive.

E o que é existir? Existir é, portanto, construir seu próprio ser, pela consciência de suas relações com o mundo, e valer-se da liberdade para fazer as próprias escolhas, para projetar seu futuro.

Se o objeto da reflexão filosófica hoje é o homem, considerado como um ser-no-mundo em que vive, cabe aqui considerar: o que é o *mundo*?

O *mundo* contemporâneo, diante da técnica midiática que o caracteriza, passa a constituir-se não somente das situações reais, em si mesmas, mas de tudo aquilo que se passa na tela mental de cada indivíduo.

O que, em tudo isto, é real? Até onde vai a nossa realidade? Até onde nós podemos deixar misturar os mundos virtual e real?

Inventaram outra coisa chamada Second Life. É um jogo onde criamos um personagem e este personagem se relaciona com outros personagens (sob o nosso comando). Mais uma forma de ter uma vida virtual, só que mais intensa.

Disponível em: http://www.matorres.com.br/portal/index.

Efetivamente, nos deparamos com dois conceitos filosóficos:

- o *real*, que seria o mundo de fato, e
- o *ideal*, que seria o conteúdo da mente do sujeito.

O real é aquilo que existe em si mesmo, o objeto de conhecimento, seja qual for, considerado em si, independente do sujeito que o conhece. É assim que, por exemplo, os pri-

O eu entre dois mundos: uma visão filosófica das mídias sociais 3

meiros filósofos começaram a pensar o universo independentemente do homem.

Já no século XII, a postura perante o conhecimento se modifica.

O que existe?

Existem não apenas as coisas, o universo. Existe não apenas o mundo real, mas o que se passa na mente do sujeito, e é isso, então, que começa a ser considerado. Com efeito, uma coisa é o mundo real, o objeto de conhecimento em si mesmo, outra é o que existe na consciência do indivíduo.

Hoje, em pleno século XXI, com o advento das novas tecnologias, percebemos um certo conflito, uma certa tensão entre o mundo real e o ideal. As perguntas seriam: O que, afinal, existe? O mundo real ou aquele internalizado em minha mente? Qual é o mais importante?

A esses conceitos, ou correntes filosóficas, poderíamos associar ainda dois outros: o *real* e o *virtual*. A partir do exposto, poderíamos chegar à conclusão de que o mundo real é aquele que existe, é o contexto onde vivo, a minha cidade, a minha família, o meu trabalho, o meio social em que vivo considerado objetivamente. E o mundo midiático virtual seria o ideal, tudo o que se passa no plano das ideias e do pensamento, ou seja, o mundo que se passa na tela mental do sujeito.

Ao buscar analisar o conceito de mundo, podemos citar o célebre Mito da Caverna, no qual Platão descreve, de forma alegórica, a evolução do conhecimento: ao comparar o *mundo* a uma caverna, Platão afirma que nela habitam grupos de variadas naturezas, e que cada qual enxerga o interior da caverna sob determinado ponto de vista.

O primeiro grupo, no fundo da caverna e longe da luz do sol, só enxerga sombras, projeções na parede e imagens das coisas; outros grupos já buscam conhecer os objetos reais, e para tanto acendem o fogo a fim de poder enxergá-los. Para

Platão, a metáfora do fogo simboliza a razão, em oposição às sombras, cuja percepção se dá pelos sentidos. O primeiro grupo só percebia as sombras, ou seja, as imagens, as projeções, mas não conseguia enxergar o real. Talvez pudéssemos, de certa forma, aproximar a humanidade pós-moderna a esse grupo, uma vez que hoje se vive a realidade do simulacro, das cópias, das imagens e projeções.

Efetivamente, haveria dois mundos: o virtual e o real. No entanto, as relações no mundo virtual passam a ser tão ideais, que poderíamos questionar quanto à sua materialidade.

Segundo Adelina Silva, por exemplo, as comunidades virtuais são "potencializadoras de uma espécie de desmaterialização das relações sociais convencionais, passando a ser mediatizadas pelo intelecto e imaginário de cada um".[1] Portanto, as relações sociais não têm matéria em si, uma vez que se dão apenas na mente do sujeito, de forma ideal, mas um ideal de caráter imaginário.

Desse modo, hoje, o eu, o existente, vive entre o real e o ideal, ou seja, o real e o virtual, o material e o imaterial, pois tudo o que faço na vida real está vinculado ao virtual, como podemos ver em inúmeros exemplos.

Se tudo o que faço na vida real está acontecendo no plano virtual, amplia-se em muito a concepção contemporânea do *ser-no-mundo*, que podemos caracterizar como um *ser-em--dois-mundos*, e o *ser-em-relação*, torna-se um *ser-em-relação--virtual*, um *ser-em-situação*, mas uma situação por vezes irreal. Esse *mix*, que transforma e desvirtua nossa realidade nos mundos *on-line* e *off-line*, pode trazer comportamentos e manias que jamais pensamos que afetariam nossa vida.

---

1 Silva, Adelina. *Mundos Reais, Mundos Virtuais: Os jovens nas salas de chat.* http://bocc.ubi.pt/pag/_texto.php3?html2=silva-adelina-mundos-reais-mundos-virtuais.html

2. www.e-financas.gov.pt

Eu nunca fiz uma declaração de IRS em papel - foi sempre pela internet. Mas no ano passado aconteceu algo ainda mais interessante: recebi o reembolso por transferência bancária e descobri na internet, no site do meu banco.
(Só mais tarde é que recebi uma carta de papel com os detalhes.)

As minhas declarações de IRS e o reembolso são **reais ou virtuais?**

Disponível em: http://gbuporto.blogspot.com/2009/03/1.html.

Essa vida dual constrói nossa existência, sem que, por vezes, percebamos isso. Precisamos de tanta coisa que o virtual nos proporciona, e talvez por isso fosse interessante saber o limite entre a vida real e a virtual. Importa considerar, então, quais são as várias concepções do termo *virtual*.

Em um primeiro momento, referimo-nos a *virtual* como algo que está por acontecer, que ainda não aconteceu, mas que é iminente. Por exemplo, fala-se do ganhador virtual de uma eleição, querendo dizer que o virtual é apenas uma etapa até chegar a ser real. No caso das redes sociais, esta concepção do virtual como caminho para o real é algo positivo, e que nos traz a esperança de atingir o objetivo final de nossa comunicação, qual seja, a relação interpessoal direta. Sob esse esquema, todos os meios de comunicação são virtuais, porque concorrem para a comunicação interpessoal.

No entanto, vale considerar que, nas redes sociais, o virtual não necessariamente será o real. Posso esperar que meu amigo virtual se converta em amigo real? Estou consciente de que talvez ele seja só uma imagem, que está aparentando ser, que está simulando algo? Importa a consciência de que, por vezes, o virtual instala uma vida de relação paralela, que pode ou não se tornar real. Nessa instância, o conceito de virtual pode ser o imaginário, ou seja, algo que projetamos. E, nesse sentido, a própria noção de temporalidade se altera, uma vez que, tratando-se de um projeto inexequível, se trata de um presente sem futuro.

O eu real e o eu virtual

(Vou fazer trinta - texto n°. 9)

O eu real e o eu Virtual

Sim sim salabim bim bim... Somos 2 pessoas, mas ainda não me considero bipolar. Porque eu conheço muito bem algumas pessoas bipolares. Loucas e bipolares, eu diria. E atesto que, com todos meus conhecimentos googlísticos, desse mal não sofro.

O meu eu real usa caneta e papel; o virtual, note e twitter. O real é interessante, o virtual interessante à enésima potencia. Por quê? Porque vocês me imaginam personagem e, infelizmente, sou muito mais do que tudo o que me faço parecer ser na internet. Digo e vivo cada vírgula que compartilho com vocês e mais, muito mais do que meu discernimento me permite contar. É, não parece, mas muitas vezes sou econômica nos comentários... sucinta, breve, educada... Tantas, mas tantas vezes gostaria de ser mais irônica, mais rebelde. Em outras, deveria ser mais humilde, mais transparente ou talvez mais ausente! Ai ai ai ui ui... realmente, em muitos eu causo a decepção quando me torno real, porque eu sou assim... tuito demais, falo demais, vivo demais, tudo demais. Intensa demais...

Vamos ver. O eu real gosta de cinema mudo. O virtual assiste Faustão na TL. Sou capaz de tolerar na minha vida virtual seres que gostam de Faustão. O eu real bebe destilados sem gelo, gosta de música eletrônica, joga pôquer, é conselheira amorosa, a amiga favorita, a melhor filha... O virtual escreve muita abobrinha e leva 234 unfollows por dia. O eu real, não diz eu te amo nunca, o virtual tem uma lista #amututatu com pessoas que nunca viu na vida. O eu real não está nem ai pra nada... não que o virtual esteja, mas por lá acabo sendo muito atenciosa com todos.

E eis que cansei de ser virtual. Por quê? Porque cansei de ser muito interessante por lá e, ao vivo, fazer com que as expectativas dos outros se acabem em pó... Ao vivo sou tímida e isso deixa todos tão frustrados! Ahhhhh... isso mata qualquer um! Quem me imagina tímida, me diz? As mulheres me imaginam feia e os homens me imaginam um vulcão. Não sou nada disso: nem feia nem *sexy* ao extremo, infelizmente. Falo muita bobagem e palavrão, mas posso parecer uma *lady*...

Peraí, eu achei que havia cansado da vida virtual, mas acho que não é bem isso não. Porque é tão difícil ser de carne e osso?

Blog: Eu Falo Você Escuta (http://eufalovcescuta.tumblr.com/)

Tal comportamento, sem que percebamos, pode significar uma fuga da realidade, pois a não presença física do sujeito deixa um espaço livre para a fantasia e para idealizações; porém, quando a fantasia sai do controle, o sujeito pode ter de enfrentar o conflito de estar diante de um envolvimento difícil de se desvencilhar.

As pessoas podem se tornar tão alienadas de si mesmas que, ao perceber que o mundo criado não é real (*I love my computer because my friends live in it* – Eu amo meu computador porque meus amigos vivem nele), acabam decepcionadas e desalentadas.

Por outro lado, será que, ao traçar meu perfil na rede ou em meu blog eu também não estaria projetando uma imagem de mim mesmo, algo que eu gostaria de ser e não sou?

Será que eu estou misturando o real com o virtual?

Thayrone   tou não, tudo que é virtual é maligno, não presta amizades virtuais só nos levam pra baixo, só nos trazem desgraça para nossas vidas.

O bom é o real, pq vc pode ver se dar certo ou não, o virtual qualquer um pode ser qualquer 1, posso mostrar uma foto de um homem lindo e dizer que tenho 25 anos, super experiente, com um peniszão monumental. mas na verdade tenho 17 anos, sou feinho, sem experiencia nenhuma e tenho um penis de fazer vergonha.

essa é a pura verdade o virtual acaba com as nossas vidas. ACORDEM

Criar projeções de um interlocutor, tanto quanto criar idealizações de si mesmo, pode levar a um distanciamento do real, o que acaba sendo sempre prejudicial. Conforme afirma o filósofo francês Michel Onfray, a exibição do ego em *blogs* ou falsos perfis de si mesmo conduz a um verdadeiro narcisismo, o que, por sua vez, passa a ser também uma forma de alienação, agora do mundo real. Dada a alienação, pode ocorrer ainda uma desilusão, que acaba por constranger nosso comportamento ao nos colocar diante da falsa imagem que criamos, com relação ao outro e a nós mesmos.

Sabe gente, eu ando muito na internet esses dias, férias e tal, sabe como é né, e eu tenho visto tanta coisa que na moral, me deixam perplexa.

Todos nós temos uma vida um tanto virtual, afinal, eu estou aqui, vcs estão aí, precisaram da internet para acessar esse blog não é? E duvido muito que um desses itens vcs não tenham: MSN, Orkut, Twitter, Formspring, Facebook, e por aí vai, a lista é imensa.

Todas essas redes sociais incluem pessoas (sociais, pessoas, trocadilho) que giram em torno de você, peraí, giram em torno do ser que vc cria, inventa como perfil. Porque estou falando assim? Porque na real, ninguém é tão lindo quanto mostra a foto do Orkut, nem tão verdadeiro como a frase do seu subnick no MSN, nem tão perfeito como aparenta ser na "bio" do Twitter.

Disponível em: http://convitealoucura.com.br/2010/estudos/sua-vida-virtual-e-real.

Conceber que o mundo virtual é algo imaginário, ou que aparenta ser, traz implicações éticas, pois faz parecer que regras e princípios são desnecessários ali, uma vez que o aceitamos como um mundo fora de nossa realidade. No entanto, é necessário ter consciência de que no ciberespaço não existe apenas troca de informações, mas a construção de relações sociais, nas quais existem partilha, afirmação e sentimento de pertencimento. Portanto, quando estamos *on-line* **não estamos isolados**, mas continuamos inseridos em uma comunidade, que, apesar de ser menos controlada, ainda assim deve ter normas e regras, como quando estamos fisicamente presentes. Somos responsáveis pelos relacionamentos que promovemos, qualquer que seja a natureza deles.

Meu Amigo Virtual

Eu nunca vi você;
mas sei que você realmente existe.
Eu me tranformo em realidade;
como magia no ar.
Sua voz é como de um anjo;
embora eu realmente não ouça.
Seu abraço é tão quente
quanto o de um amado e querido Amigo.
Você sempre tem uma palavra de conforto;
ou de alegria.
Embora você esteja muito longe;
eu sempre sinto você próximo.
Você é um amigo muito especial;
como nenhum outro.
Enquanto você estiver no espaço;
eu nunca estarei só.

Disponível em: http://www.homemsonhador.com/VirtualReal.html.

O conceito de *virtual*, segundo Dons Salter,[2] dá origem a outros conceitos que serão aqui considerados, como os de "espacialidade", "desterritorialização" e "descarnamento".

---

2 http://members.fortunecity.com/cibercultura/vol14/vol14_donslater.htm

Podemos afirmar que a experiência da virtualidade se dá no espaço? Onde se situa o ciberespaço? Ele existe, sim, mas inteiramente dentro do computador, distribuído por meio de redes cada vez mais complexas. E se ele existe dentro do computador, isso quer dizer que, na verdade, ele existe em nossa mente.

A questão do espaço, ou melhor, do não espaço, nos leva à questão da desterritorialidade: o mais importante numa sala de conversação não é o lugar do mundo em que você está, mas como está empregando os meios de que dispõe para se comunicar. A irrelevância da posição geográfica é o que se denomina "desterritorialização".

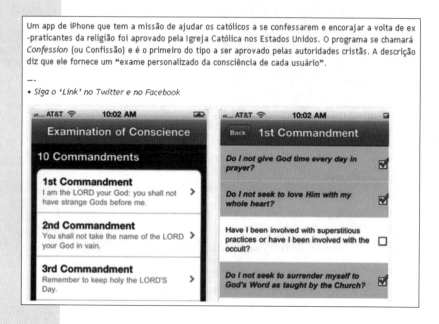

Um app de iPhone que tem a missão de ajudar os católicos a se confessarem e encorajar a volta de ex-praticantes da religião foi aprovado pela Igreja Católica nos Estados Unidos. O programa se chamará *Confession* (ou Confissão) e é o primeiro do tipo a ser aprovado pelas autoridades cristãs. A descrição diz que ele fornece um "exame personalizado da consciência de cada usuário".

--

• Siga o 'Link' no Twitter e no Facebook

O eu entre dois mundos: uma visão filosófica das mídias sociais   11

Ficar *on-line* dá-nos a sensação de que nos separamos tanto do lugar em que nos encontramos quanto do nosso corpo. É como se nossa identidade fosse momentaneamente separada de nossa fisicalidade, daí o termo "descarnamento" da pessoa.

Afinal, diante desses conceitos, o que é o *ser-no-mundo* virtual?

– É o ser fora do espaço, sem território e sem corpo.

Por vezes, ainda, o indivíduo tampouco tem uma identidade diante da comunicação em massa que caracteriza a mídia tecnológica. Como diria Ortega y Gasset, o homem hoje pode ser denominado homem-massa, na medida em que tudo nos leva a um nivelamento humano; as pessoas não atribuem valor a si mesmas e querem ser como todo mundo, sentem-se bem por serem iguais aos demais. Tal submissão ao padronizado nada mais é que um empobrecimento existencial, pois cada um deixa de ser o que é, a ponto de negar sua personalidade, e se destituir até de ideias próprias. Daí a facilidade com que se acaba sendo vítima de ideologias.

Remontando ainda ao mito de Platão que nos inspira, o grupo que só percebia as sombras permanecia acorrentado às paredes no fundo da caverna, pois não conseguia se libertar das correntes ideológicas que o prendia às imagens. O segundo grupo, no entanto, não se contentava com as projeções das coisas, e buscava o conhecimento lógico por meio da razão, de modo a pensar corretamente, de forma metódica, e não apenas viver o mundo da opinião e das imagens. Essas pessoas acorrentadas, por falta da visão propiciada pela luz do fogo ou da razão, deixam-se influenciar pelo que lhes é sugerido pelo mundo imagético ou virtual, sem senso crítico, e acabam sendo vítimas da sedução de ideologias políticas ou religiosas.

Desse modo, os seres humanos são interligados por uma espécie de teia de informações que acaba por nortear sorrateiramente suas existências. Há um fundamento comum de valores, regras, leis e hábitos que só existem porque o homem consegue captar, manipular e transmitir essas informações que contêm significados compartilhados. Esses fundamentos ou valores considerados comuns a todos é em que consistem as *ideologias*. E o que são ideologias? São ideias, mensagens e valores que são padronizados para as massas com a finalidade de manipular, visando a interesses de um grupo dominante.

É importante, porém, considerar que o significado não estaria presente na informação disponível objetivamente no mundo, mas no processo de *representação* dessa informação (por vezes positiva, por vezes não), e que este cabe ao sujeito que a apreende, daí a importância de se empregar a razão para não *cair na rede* sem critérios. Para tanto, faz-se necessário distinguir entre o virtual e o real: uma coisa é a informação, e outra é o eu, e o significado não estaria presente na informação disponível objetivamente no mundo virtual, mas no processo de *representação* da informação para o sujeito, para os significados que o *eu* constrói dentro dele. Mais uma vez, o significado está no eu-sujeito, e não nas coisas, daí a importância da razão para se ter senso crítico e discernimento.

Mas, afinal, o caráter da rede é permitir ao indivíduo exercer sua liberdade, ou é um mecanismo de controle das massas? Ambos, diríamos.

Se a *Web* abre a possibilidade de emancipação do eu, esse "eu" que aparece em perfis do Orkut, do Facebook e de outros é, ao mesmo tempo, um eu adequado a uma linguagem e a um comportamento padronizados. Nessas redes, o indivíduo tem de obedecer a uma estrutura estabelecida por algo exterior. As páginas do Orkut são parecidas com as de outras redes sociais, pois nelas temos uma personalidade moldada por uma linguagem padronizada, comentários semelhantes e um formato de páginas sempre igual.

Ora, a razão nos ensina a ter uma consciência autônoma, que pensa por si mesma, e autonomia seria, antes, o respeito à dignidade humana, a aceitação de que as pessoas se autogovernem, e sejam conscientes em suas escolhas e em seus atos.

Não queremos com isso recriminar o papel da rede, que é de valor inestimável para a evolução do homem, mas chamar a atenção para a necessidade de sermos criteriosos ao considerar a internet como uma ferramenta libertadora e promotora de emancipação.

Há *blogs* criativos, que superam as páginas tradicionais dos gigantes da comunicação, e desse modo a internet é um meio de se exercitar a criatividade. Nesse sentido, todo homem guarda em si potencialidades infinitas, que a tela do computador permite atualizar de formas variadas. Por outro lado, o indivíduo, em meio à cultura de massa, não é mais apenas um receptor, como no caso da televisão ou do rádio, mas é também um emissor, um agente, e, portanto, responsável pela formação de consciências e de outros agentes transformadores. Assim sendo, o sujeito tem na internet um comprometimento ético com aquilo que transmite, e está envolvido com a transformação e a construção de um mundo. Seu papel não é isolado, mas está seriamente comprometido com o outro, com o receptor, e, portanto, com o significado que sua mensagem levará a muitos. Mais uma vez repetimos o mantra adotado: *Você é aquilo que compartilha. Compartilhar é preciso.*

Pelo fato de estarmos distantes no espaço, sentimo-nos isolados e livres, e, por consequência, sem leis, sem superego e sem limites; então, a liberdade acaba tomando o sentido de extravasar recalques, o que torna caótico o viver em sociedade.

Cada um não é responsável só por si mesmo, mas por aquilo que **constrói no mundo do outro**, ou seja, a vida em rede passa a ser meio de transformação social. São pessoas criando novas personalidades, novos valores e novas concepções de mundo.

Embora coloquemos em questão a *etiqueta*, cumpre exaltar a importância da *ética* na mídia social digital, dada sua função, quer queira quer não, de formadora de consciências, e de ser extensiva aos inúmeros indivíduos que influencia vertiginosamente.

Com o que escrevemos, podemos prejudicar não só o receptor, mas a nós mesmos, pois o acesso é irrestrito.

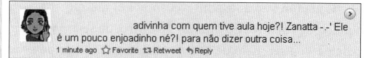

Parafraseando a afirmação da Ohmynews, uma agência virtual de notícias coreana, cujo lema é "cada cidadão é um repórter", diríamos que "cada cidadão é um formador de inúmeras consciências".

Se existem leis ou não, caberá a cada um valer-se do bom-senso, da razão, da "luz do fogo" para fazer a sua parte de modo a colaborar com o todo.

Assim, caro leitor, terminamos este capítulo deixando uma frase do célebre filósofo Kant para você pensar: "Age sempre de tal modo que o teu comportamento possa vir a ser o princípio de uma lei universal".

Capítulo 2

Definindo seus objetivos nas mídias sociais

Para evitar deslizes e construir uma boa reputação na rede é necessário entender a dinâmica do **eu**, do *on-line* e do *off- -line*, definindo, em primeiro lugar, objetivos claros, baseados nos seguintes questionamentos:

Racionais:
- Quem eu sou?
- De onde vim?
- Onde estou?
- Como sou?
- O que faço?
- O que sei?
- O que quero?
- Qual é a imagem que quero passar aos outros?

Emocionais:

- O que me atrai?
- Qual é o meu ideal de vida?
- Quais são as minhas paixões?
- O que me faz feliz?
- Quais são as causas em que sou engajado?

Estas respostas o ajudarão a determinar como deverá se posicionar em ambientes digitais. O importante é definir como as pessoas deverão percebê-lo, levando em conta a transparência e a veracidade das informações, para evitar contradições, conquistando a confiança e a admiração daqueles que o seguem.

Uma vez detectados e definidos seus objetivos nas mídias sociais, é chegada a hora de conhecer as suas especificidades. Há inúmeros tipos de mídias sociais, e você deve optar por participar daquelas que mais atenderem aos seus objetivos.

Naturalmente, aos seus objetivos pessoais vão se acrescentando aqueles de interesse corporativo. Empresas passaram a criar páginas, a produzir perfis para interagir com seus clientes. Passaram a utilizar as mídias sociais como forma de mensurar as opiniões que estavam sendo formadas a respeito de seus produtos, etc.

E assim como essas mídias sociais foram se desenvolvendo, as possibilidades de se trabalhar a própria imagem pessoal ou empresarial passaram a ser realmente infinitas.

Muitos criam um perfil com o simples objetivo de se comunicar com familiares, fazer novas amizades, contatos amorosos, compartilhar fotos de momentos agradáveis ou de viagens. Podemos dizer que estas seriam as formas mais básicas de participação.

18   Etiqueta 3.0: você on-line & off-line

Marcia
Dia de Finados.Saudades de todos. Vovô Geraldo faz exatamente 20 anos que nos deixou. Vamos nos lembrar um pouquinho deles. Só pode nos fazer bem.
1 de novembro de 2010 às 17:34 · Curtir (desfazer) · Comentar

👍 Você, Maria Smith Nowling, Letícia Durand e outras 2 pessoas curtiram isso.

💬 Exibir todos os 4 comentários

Priscilla   Tia, sempre vale a pena lembrar deles, afinal de contas eles foram a origem de tudo. Se nós estamos aqui é por causa deles. Vamos agradecê-los profundamente por nos terem dado a vida. bjs, Pri
1 de novembro de 2010 às 23:54 · Curtir · 👍 1 pessoa

Marcia   Vamos nos cuidar mutuamente. Estamos pertinho. MS
2 de novembro de 2010 às 02:48 · Curtir

Boa noite!
Está SEM NAMORADO(a)? É solteiro, casado, divorciado, viúvo, tico-tico no fubá? ainda não se decidiu? Venhaaaaaa
CONFRARIA DIVORCIADOS http://www.orkut.com.br/Main#Community?cmm=98979280

Se a ideia principal for compartilhar fotos, avalie a opção de participar de mídias específicas, como o Flickr ou Picasa, por exemplo.

Se seu principal objetivo for profissional, você deverá ter uma resposta bem clara para a seguinte pergunta: "O que minha empresa busca nas mídias sociais?".

Saber o que esperar como resultado da participação em mídias sociais é fundamental para a sobrevivência da empresa.

É essencial que a empresa defina previamente qual será sua política para o uso de mídias sociais ou a política de imagem e divulgação de informações para o público externo.

E quando se pensa em utilizar bem as redes, é crucial, para evitar problemas, definir também quem serão os responsáveis por tal utilização e se estarão aptos a postar em nome da empresa.

As diversas mídias sociais, quando utilizadas de forma profissional, precisam receber um tratamento mais sério; têm de ser vistas como um espaço estratégico, no qual se possa criar vínculos firmes com o consumidor. Essa vinculação, por sua vez, tem de ser pautada por atitudes de respeito, ter propósitos transparentes, procurar responder a todas as dúvidas da comunidade de forma igualitária e falar com todos os participantes de forma não exclusiva ou preconceituosa. É nessas exigências que muitas empresas erram e colocam tudo a perder.

AnaMariaCoelho Ana Maria M. Coelho
"A rede social virou um diagnóstico de uma empresa, pois ela expõe os problemas que antes eram escondidos" @ no #swmsp

Comprometer o nome de uma empresa mediante uma postagem mal pensada é algo fácil de se conseguir. Questões pessoais não podem ser envolvidas em perfis corporativos, sob pena de prejuízo para o indivíduo e para a empresa.

Definindo seus objetivos nas mídias sociais 21

10neto Craque Neto 10
@ClaroRonaldo Eu jogava por amor. Casagrande, Socrates, Wladimir, Rivelino, Viola jogavam por amor. Para de conversa fiada, vai!!!
5 Feb

As mídias sociais apresentam-se como um terreno fértil, no qual **todos falam para todos**; é uma região sem fronteiras, na qual todos policiam todos, e, por isso mesmo, o risco de nos perdermos ou de cometermos erros é maior. Nelas, as empresas não devem se preocupar em buscar simplesmente **audiência**, ou apenas incremento no número de seguidores. O objetivo maior é conseguir uma interação positiva com o público externo, uma boa repercussão de seu nome e um bom número de menções positivas.

pacarmo Paulo Carmo
Banco Bradesco sempre envolvido com o incentivo à Cultura no Brasil (http://bit.ly/ihPcid). SHOW. Parabéns! Orgulho conhecer em Osasco. #in

Itaú Cultural reúne jornalistas do Guardian, New Yorker, Rolling Stone e @ScreamYell em Seminário d Jornalismo Cultural
http://bit.ly/f3LXBJ
15 hours ago ☆ Favorite ↻ Retweet ↩ Reply

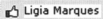

👍 Ligia Marques   e Hegel Vieira   curtiram isso.

Também não recomendamos que empresas iniciantes em mídias sociais caiam na tentação de pagar para que falem bem delas ou que criem personagens falsos para simular uma interação positiva.

Uma ação como a exemplificada a seguir expõe o objeto de desejo de muitos e o coloca ao alcance de todos que se dispuserem a interagir com a marca, visando ao aumento da adesão aos novos cartões de crédito que ela colocou no mercado de forma inovadora.

Segundo pesquisa do Ibope Mídia, realizada no início de 2011, praticamente todos os internautas brasileiros acabam acessando alguma mídia social. Este universo já soma mais de 80 milhões de pessoas, o que faz as empresas ficarem ansiosas para marcar presença neste ambiente digital. Muitas, no entanto, acabam querendo obter resultados rápidos e erram no processo de engajamento de clientes. Oferecer produtos, fazer propaganda direta em *blogs* e enviar mensagens sem permissão são falhas bastante comuns entre os iniciantes.

As empresas devem buscar os resultados positivos com mais paciência. Entregar a administração de suas mídias sociais a uma agência especializada nem sempre pode garanti-los.

Uma dica importante: antes de se aventurarem corporativamente numa mídia social qualquer, as pessoas devem procurar conhecer seus meandros, frequentando-a por um tempo em caráter pessoal.

Comunidades, *blogs*, Twitter, Facebook e outros têm suas próprias dinâmicas e particularidades que devem ser bem conhecidas. Entender quem é o seu público-alvo e como ele interage nas redes sociais também é fundamental para uma participação de sucesso e para a definição da estratégia a ser adotada a fim de motivá-lo a participar.

Não basta somente estar presente corporativamente nas mídias sociais. É preciso contribuir com um conteúdo relevante, que tenha condições de ser disseminado.

Crie um diferencial.

Definindo seus objetivos nas mídias sociais

Um perfil corporativo no Twitter ou Facebook, por exemplo, não deve ser visto como um *site* institucional. As pessoas que os acessam querem **dialogar**, interagir e compartilhar, e a empresa que não estiver disposta a dar esta abertura a seus clientes e/ou consumidores não deve optar por participar de mídias sociais.

A linguagem a ser adotada em mídias sociais é outro ponto importante a ser salientado. Trata-se de uma linguagem mais informal, em nada parecida com a de um *site* institucional – é preciso saber falar bem essa língua descontraída se quisermos nos comunicar bem com nossos seguidores e obtermos algum resultado positivo.

LucianoPalma Luciano Palma
Acabo de ver na bio de um "Twitter Corporativo": "Bem-vindo ao Twitter de ...". Como assim?! Repetiram o texto da Homepage??? Vinde a mim???

Interligar suas diversas mídias sociais e *site* é uma boa forma de fazer que os clientes conheçam melhor o trabalho que é desenvolvido, e também de mensurar os resultados almejados.

A Corello, outro exemplo de uso das mídias sociais em prol de um aumento nas vendas, conseguiu, por meio de uma ação realizada em seu *blog*, despertar o interesse de inúmeras mulheres por um determinado modelo novo de sapato. O *blog* tem mais de 2 mil acessos diários e produz um conteúdo relevante ao público feminino, o que lhe garante cada vez mais seguidores e, consequentemente, clientes para a marca.

Vale mais a empresa que tem poucos seguidores, e todos falando bem dela, do que aquela que tem milhares deles e dez falam mal. O efeito provocado por um comentário negativo é devastador. A empresa que opta por participar das mídias sociais tem de estar apta a atender seus clientes com educação e rapidez, pois eles vão postar comentários sobre o atendimento que receberam, quer tenha sido bom, quer ruim.

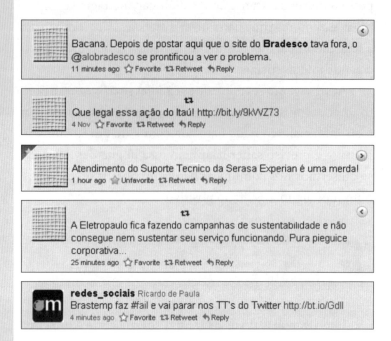

A participação em redes sociais com objetivos de captação e monitoramento de funcionários também é cada vez maior.

Pesquisa realizada pela Manpower revela que mais da metade das empresas brasileiras controlam o uso de mídias sociais de seus funcionários, monitorando o que é postado.

A avaliação de candidatos a empregos já prescinde de currículos em papel, uma vez que as informações podem ser obtidas acessando-se seu perfil nas mídias sociais, em especial naquelas que congregam perfis profissionais, como o Linkedin, por exemplo. Muito mais abrangentes, as mídias mostram mais do que as competências pessoais do candidato; mostram aquilo que é mais importante hoje no mundo corporativo, isto é, *como e com quem ele se relaciona*.

Definindo seus objetivos nas mídias sociais 25

```
Sua rede do LinkedIn

67   conexões ligam você a 877.113+ profissionais

5.208  pessoas novas em sua rede desde 12 de
       novembro

Adicionar conexões
```

"Ricardo têm uma excepcional visão da estrutura de varejo e corporate de banco, muito relacionamento com clientes e colaboradores." *10 de março de 2010*
2ª Alexandre i..:'..s, *Gerente Geral, Itau Unibanco Banco Comercial*
era subordinado direto de ricardo na Unibanco

"O Grillo é um profissional extremamente participativo, dedicado e comprometido com as metas contratadas e sempre disposto a colaborar com todos os membros da equipe. Intermediário muito eficaz entre as áreas técnicas e de negócios, sempre direcionado ao atingimento dos melhores resultados e da disseminação do conhecimento." *6 de outubro de 2010*
2ª Raul Rodrigues, *System Consultant, Abril*
trabalhou diretamente com José Eugênio na Editora Abril

Também podemos detectar interesses sociais, políticos, informativos e relativos ao terceiro setor no uso das mídias sociais.

Fundamentalistas de esquerda: aprendam a dialogar como AC Rodrigues(PT), **Roberto Freire** (PPS), Plinio de Arruda(PSOL) Cristovam Buarque(PDT)
3 hours ago ☆ Favorite ↯ Retweet ↩ Reply

portalimprensa portalimprensa ↯ by josivalbezerra
Orçamento federal do México prevê recursos à proteção de jornalistas em 2011 portalimprensa.uol.com.br/portal/ultimas...
6 minutes ago

Diversos tipos de ações, como, por exemplo, aquelas que visam à arrecadação de fundos para alguma ação beneficente, a mobilização de pessoas com interesses sociais e políticos comuns, a promoção de competições esportivas, entre outras, podem ser viabilizados de forma mais rápida e eficiente por meio do uso racional das mídias sociais.

Não se importe em não estar presente nas mídias que alguns de seus conhecidos participam; afinal, se você não a percebeu como ideal para atingir seus objetivos, não há motivo para participar.

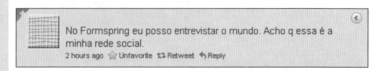

O fundamental é que a mídia (ou as mídias) que escolher atenda aos seus interesses e que você consiga mantê-la sempre atualizada.

Capítulo 3

Do que, afinal, estamos falando?

– As mídias sociais mais utilizadas

Analisados os aspectos racionais e emocionais que definirão seu perfil e sua imagem nas mídias sociais, tem início a construção da sua **rede de relacionamentos**, atraindo, além dos usuários que o conhecem, também aqueles que se identificam com a sua personalidade e/ou são atraídos pelo **universo de conteúdo** que você produz e compartilha.

Planejando seu posicionamento na rede

Para que você entenda mais facilmente como é a dinâmica para se posicionar na *Web*, estruturamos um formato de planejamento composto pela seguinte estratégia:

CONTEÚDO + RECEPTIVO + ATIVO

entendendo que:

- **conteúdo** é tudo o que você fala,
- **receptivo** é o ambiente em que todo esse conteúdo está concentrado (*Blogs* ou *Websites*), e
- **ativo** são os canais sociais pelos quais todo esse conteúdo é disseminado.

Vejamos, então, cada uma dessas etapas:

Conteúdo

Avalie o tipo de conteúdo que você vem disseminando na rede.

Será que o universo explorado contempla todos os pilares da sua vida social? Lembre-se de que o conteúdo é a base para a manutenção de seus relacionamentos e para a construção de percepções na rede. Assim sendo:

- seja fiel ao seu estilo de vida e ao que você é;
- seja transparente (nunca se esqueça disso!);
- mantenha o bom-senso entre o que pode se tornar público e o que deve ser mantido privado em sua vida;
- forme opinião e gere discussões sobre o que mais sabe (atitudes de *expert*!)

- surpreenda... Fale o que seus seguidores querem ouvir e o que eles esperam de você, nunca deixando de ser autêntico...

Uma forma assertiva de assegurar que seu **universo** de conteúdo contemple todos os pilares da sua vida social é determinando assuntos-chave que serão abordados a partir de seus perfis sociais.

Visualize seus canais sociais como um jornal diário, com leitores que mantêm uma expectativa sobre o que você escreve, com interesses múltiplos e diferenciados.

> DICA: Para quem já possui um vasto conteúdo disseminado em seus perfis sociais, o site www.wordle.net pode ajudar a visualizar os termos que aparecem com mais frequência em seus textos por meio de word clouds [nuvens de palavras], uma forma divertida de manter o controle entre os assuntos abordados e saber se estão de acordo com os seus objetivos de posicionamento na rede. Sua utilização é bem intuitiva, e não requer conhecimento prévio.

No "**wordle**" é possível personalizar as nuvens com diferentes fontes, *layouts* e combinações de cores. As imagens geradas podem ser impressas e até mesmo compartilhadas a partir do Twitter ou do Facebook.

Receptivo

Neste elemento da estratégia traçada no início deste capítulo (Conteúdo + Receptivo + Ativo), vamos tratar de *Blogs*. Aliás, poucas pessoas assumem o compromisso de manter um *blog* na rede, e caso você pretenda fazer parte do fantástico mundo dos "blogueiros", é necessário conhecer – e colocar em prática – algumas regras básicas:

1. Diferente das outras mídias sociais, *blog* é o espaço que concentrará um conteúdo específico dentre toda a variedade de assuntos que você discute em seus perfis do Orkut, Facebook, Twitter, etc. Assim, ao definir o conteúdo que irá focar, dê preferência àquele no qual você se considera um *expert*, ou que simplesmente lhe dê mais prazer em escrever. Esses dois fatores, com certeza, são premissas básicas para alcançar um diferencial no seu *blog*, o que é uma garantia de audiência.

A *fashionista* Julia Petit conquistou uma legião de leitores com o *blog* Petiscos, um dos espaços mais respeitados pelo mercado da moda brasileira, no qual ela dissemina informações sobre o universo *fashion*.

👍 Ligia Marques   e Hegel Vieira   curtiram isso.

2. Reforçando o conceito de transparência, nunca se esqueça de se apresentar de maneira elegante e bem-educada em seu blog; receba bem seus seguidores, publicando uma foto de qualidade, na qual você possa ser facilmente identificado, e insira em seu perfil alguns dados básicos: país e cidade onde está localizado, profissão, um texto de apresentação sobre o conteúdo abordado e seus principais objetivos com o espaço.

São atitudes que agregam relevância ao conteúdo, transmitindo confiança e sensação de proximidade ao leitor, que consegue perceber a presença da pessoa cuja forma de pensar tanto o atrai. Só tenha o cuidado de não exagerar em detalhes sobre a sua vida, mantendo a sua privacidade – isso evitará diversos problemas.

3. No início, a empolgação costuma fazer que a postagem de conteúdo seja intensa e, consequentemente, a disseminação também, fato que atrairá muitos leitores para o seu *blog*, alguns deles se tornando fiéis. Com o tempo, porém – fato comum entre todos que têm ou já tiveram um *blog* –, a postagem se tornará rotina, e alguns obstáculos surgirão, como a falta de inspiração e de tempo. Mas não deixe seus leitores a

ver navios! Você firmou um compromisso com eles, e eles esperam suas opiniões, por isso, determine uma periodicidade para a atualização, e cumpra-a.

4. Dê ouvido aos seus leitores. Não deixe que fiquem falando sozinhos; responda o mais rapidamente possível aos seus comentários e agradeça a colaboração.

5. Conquiste a simpatia de seus colegas blogueiros, convidando-os para participações especiais, com postagens exclusivas, e indicando-os aos seus leitores.

Agora que você já conhece as premissas básicas para a construção e, principalmente, para a manutenção de um *blog*, conquiste seu espaço na rede, e busque uma das ferramentas gratuitas, como o **Blogger** ou o **Wordpress**.

O Blogger é indicado para usuários leigos, cujo único objetivo é escrever. Já o Wordpress é mais sofisticado e requer do usuário um entendimento aprofundado de linguagem de programação (HTML, SEO), constituindo-se numa ferramenta para aqueles que querem atuar com mais profissionalismo.

Compare as vantagens de cada uma dessas ferramentas:

Blogger:
- é gratuito;
- você cria seu *blog* em três passos simples;
- não é necessário se preocupar com excesso de banda ou de uso de servidor;
- a curva de aprendizado para utilizar o sistema é pequena;
- sistema de *widgets*, que permite administrar facilmente os elementos do *blog* (*sidebar*, cabeçalho, rodapé);
- permite que você receba todos os seus *posts* e comentários por *e-mail*;

- permite livre customização do *layout* e inserção de anúncios publicitários.

Wordpress:
- possui duas versões, a paga e a gratuita, cada uma com disponibilização de uma gama de funcionalidades específicas;
- é considerada uma das melhores plataformas de *blogs* do mundo;
- ferramenta constantemente atualizada com comunidades em todo o mundo, que contribuem para o seu crescimento;
- código organizado e *design* em *templates*, o que quer dizer que a customização de um novo *design*, assim como modificações de última hora, são feitas com rapidez e facilidade;
- instalação rápida e fácil;
- controle do nível de acesso ao sistema;
- gerenciamento completo do conteúdo do *blog*, ou seja, de comentários, contatos, categorias, *links*, mídia, *tags* e páginas;
- salvamento automático dos seus textos, permitindo revisão e recuperação das informações;
- praticidade na edição, formatação e publicação dos textos;
- *Front-end* e *back-end* com navegação intuitiva;
- pesquisa completa pelo *site*, com excelentes *plugins* para melhorar a qualidade nas buscas;
- grande quantidade de *plugins*, de modo que se você quiser carregar todas as fotos do seu Picasa ou Flickr, existe um para isso, ou se quiser mostrar suas mensagens do Twitter ou integrar seu blog com o Google Maps, também é possível.

Ativo

É a partir dos nossos perfis nas mídias sociais que podemos entender melhor a **dinâmica** do "**eu *on-line* e *off-line***" – um novo estilo de vida, no qual as pessoas vivem simultaneamente em dois mundos, compartilhando seus pensamentos, emoções, crenças, ideias e ações do dia a dia.

O universo digital nos proporciona uma grande variedade de mídias sociais, cada uma delas com funcionalidades específicas, que influenciam nosso comportamento de uso, sendo este um dos principais fatores para determinar a adesão dos usuários, associado aos seus objetivos de posicionamento na rede.

Abordaremos a seguir cada um dos *Websites sociais*, explicando como se pode obter o melhor de cada um deles. Mas, antes, para que as páginas seguintes lhe sejam mais proveitosas, leitor, é importante tratarmos dos conceitos relacionados aos termos **redes sociais**, **mídias sociais** e **mídias digitais**.

A conceituação de tais designações está longe de alcançar a unanimidade. Muitas vezes, o termo Redes Sociais e Mídias Sociais são usados para indicar a mesma coisa, o que acaba por gerar ainda mais confusão entre eles. Veja alguns exemplos:

Segundo Augusto de Franco (Escola de Redes), Redes Sociais são **pessoas interagindo**, o que pode ser feito até mesmo com o auxílio do que ele chama de "algumas ferramentas", entre as quais os *sites* de relacionamentos, como Orkut, Facebook, Twitter, etc.

augustodefranco Augusto de Franco
Os Apaches faziam redes. A mídia, muitas vezes, era a fumaça. Quem não entende isso, não entende o que é rede.
17 Feb

Já Luciano Palma (http://lpalma.com), palestrante, consultor e instrutor do curso Estratégias de Mídias Sociais para Empresas, conceitua os termos em questão de forma bem didática. Veja:

"Os termos Redes Sociais e Mídias Sociais ganharam enorme destaque recentemente.

Sua rápida popularização gerou muito entusiasmo e muita pressa em obter informações. Neste afã, estes termos têm sido utilizados indiscriminadamente, algumas vezes como sinônimos. Definitivamente, não o são!

Redes Sociais são estabelecidas pela **conexão entre pessoas**. Estas conexões fazem com que o conhecimento flua entre as pessoas que compõem esta rede, permitindo a troca de ideias, experiências, sentimentos. Pessoas **interagindo** compõem uma Rede Social.

Estas conexões não precisam ser necessariamente digitais. Um sindicato de trabalhadores é uma Rede Social, assim como uma seita religiosa. Estes exemplos (e inúmeros outros) podem existir sem o uso de um único computador.

A grande 'redescoberta' da importância das Redes Sociais é devida à grande popularização da internet e ao surgimento de plataformas e ferramentas que facilitam a criação de **conexões** entre pessoas. Quando o Orkut surgiu, um dos usos mais comuns era procurar pessoas com quem você esteve conectado no passado, e cuja conexão havia sido perdida. Este tipo de 'instrumento de conexão' pela internet é o que estamos chamando, talvez erroneamente, de **Mídias Sociais**. Um termo mais adequado seria **Mídias Sociais Digitais**, afinal, existem outros meios independentes da internet para criar ou retomar conexões entre indivíduos.

Resumindo, **Redes Sociais** são grupos de pessoas conectadas e interagindo entre si, enquanto **Mídias Sociais** são os elementos condutores das informações trocadas entre elas.

Uma comunidade interessada em discutir sobre determinada raça de cavalos estabelece uma Rede Social, enquanto os meios que eles utilizam para se comunicar (telefone, e-mail, Twitter, Facebook, Linkedin, etc.) são as Mídias Sociais."

Podemos, ainda, definir redes sociais como um novo meio de nos relacionarmos com outras pessoas com a mediação da internet, ou seja, uma forma de relacionamento interpessoal que busca uma comunicação interativa. Segundo José Claudio Terra, CEO da Terra Fórum, redes sociais significa interação entre pessoas por meio de plataformas virtuais (http://www.slideshare.net/jcterra/redes-sociais--conceitos-e-boas-praticas).

Andreas Kaplan e Michael Haenlein definem mídias sociais como "um grupo de aplicações para internet construídas com base nos fundamentos ideológicos e tecnológicos da Web 2.0, e que permitem a criação e troca de Conteúdo Gerado pelo Utilizador (UCG)".

Vejamos o que tem a dizer sobre o assunto Wagner Fontoura, sócio da Coworkers Mídias Sociais, que leciona sobre Melhores Práticas em Mídias Sociais na Jump Education:

> "Mídias Sociais são tecnologias e práticas on-*line*, usadas por pessoas (isso inclui as empresas) para disseminar conteúdo, provocando o compartilhamento de opiniões, ideias, experiências e perspectivas (e eis o seu primeiro grande diferencial). Seus diversos formatos, atualmente, podem englobar textos, imagens, áudio e vídeo. São Websites que usam tecnologias como blogs, mensageiros, podcasts, wikis, videologs ou mashups (aplicações que combinam conteúdo de múltiplas fontes para criar uma nova aplicação), permitindo que seus usuários possam interagir instantaneamente entre si e com o restante do mundo."

(http://www.cultura.gov.br/site/2008/02/29/a-hora-e-a-vez-das-midias-sociais/)

Para Raquel Recuero (@raquelrecuero), jornalista, professora e pesquisadora do PPGL e do curso de Comunicação Social da UCPel, "mídia social é aquela ferramenta de comunicação que permite a emergência das redes sociais". E segundo Walter Teixeira Lima Júnior, pós-doutorado em Comunicação e Tecnologia pela Universidade Metodista de São Paulo (Umesp) e doutor em Jornalismo Digital pela Escola de Comunicações e Artes da Universidade de São Paulo (ECA/USP), "mídia social é um formato estruturado por intermédio de máquinas computacionais interligadas via redes telemáticas que permite criação, compartilhamento, comentário, avaliação, classificação, recomendação e disseminação de conteúdos digitais de relevância social de forma descentralizada, colaborativa e autônoma tecnologicamente. Tem como principal característica a participação ativa (síncrona e/ou assíncrona) da comunidade de usuários na integração de informações".

As mídias sociais diferenciam-se dos outros tipos de mídias (jornais, TV, rádio, por exemplo) por **necessitarem** de compartilhamento e/ou cooperação para a produção de conteúdos.

Vejamos alguns exemplos de mídias sociais:

 Twitter

 Flickr

 YouTube

 Facebook

 Orkut

 My Space

 Tumblr

 Last.fm

Blogs

 Google Groups

 Linkedin

 Wikipédia

 Second Life

Foursquare

O termo **Mídias Digitais**, por sua vez, designa qualquer meio de comunicação que utilize a tecnologia digital.

Como se pode perceber, há muitos tipos de mídias sociais (centenas delas), e por isso você deve, antes de mais nada, ter claro em sua mente quais são seus objetivos ao se inscrever em uma delas, para poder selecionar a que melhor atenda aos seus objetivos.

Assim, dada a grande variedade de mídias sociais, e cada uma delas com funcionalidades específicas que influenciam nosso comportamento de uso, como dissemos parágrafos antes, apresentaremos a seguir alguns modelos de utilização **integrada** das mídias sociais mais comuns aos brasileiros, levando em conta o que entendemos como a melhor forma de se posicionar nesses canais, por meio de um equilíbrio entre o **pessoal** e o **profissional**.

Antes, porém, abordaremos cada um dos **Websites sociais**, mostrando como podemos tirar proveito de cada um deles em nossos relacionamentos, posicionando-nos de forma rápida e positiva nos meios digitais.

Websites sociais & outros recursos

Cada *Website* a seguir é dedicado ao armazenamento de um formato de conteúdo, que enriquece a dinâmica de disseminação de informações de seus perfis sociais.

Linked in

O Linkedin é uma mídia social bem específica, voltada para assuntos exclusivamente profissionais.

Este espaço aproxima o usuário de pessoas relacionadas à sua área de atuação, fazendo um mapeamento detalhado do seu **histórico** profissional, de modo que sua reputação seja construída a partir dos relacionamentos que ele faz na sua carreira.

Os participantes aqui estão dispostos a discutir e a formar opinião sobre o que mais sabem e a conectar-se a perfis que possam contribuir para sua capacitação, tanto quanto apoiá-los no processo de ascensão profissional, principalmente aqueles que possam fazer parte de suas equipes e do quadro de profissionais da sua empresa.

Para a atuação do usuário do Linkedin ser dinâmica, fazendo que aproveite todo o potencial disponibilizado, ele deve se dedicar ao seu perfil com a mesma periodicidade que o faz no **Twitter**, no **Facebook** ou no **Orkut**. Ou seja, ele deve:

- ser participante e engajar-se nos fóruns cujos temas provoquem a geração de um bom conteúdo e a formação de opinião naquilo que ele se considera ***expert***;

- apoiar seus seguidores, contribuindo com recomendações que os diferenciem;

- aproximar-se das empresas que admira e seguir seus perfis – esta, aliás, é uma atitude que aumenta as chances de o usuário ser percebido pelos recrutadores dessas empresas; além de

- usar e abusar de aplicativos, principalmente daqueles que possibilitem a indicação dos livros que estiver lendo ou das revistas que assina, além de outros que integrem perfis de outras redes.

Esses recursos dinâmicos diferenciam o perfil do usuário pelo conteúdo que ele produz e compartilha, atraindo usuários com características relevantes e fortalecendo sua rede de contatos.

orkut

O Orkut é, até o momento em que escrevemos este texto, a mídia social mais utilizada pelos brasileiros, cuja proposta é *"tornar sua vida social e a de seus amigos mais ativa e estimulante"*, ou seja, o lugar certo para promover **relacionamentos**, possibilitando que os usuários mantenham seus seguidores informados sobre os acontecimentos da sua vida por meio de um conteúdo em formatos variados, como fotos, mensagens e vídeos. Nele, é possível criar comunidades com temas específicos. Além de poder participar de tantas outras comunidades associadas a diversos conteúdos, o usuário, com certeza, encontrará alguma que seja do seu interesse e poderá compartilhar, ouvir opiniões e fazer novos amigos.

facebook

O Facebook é uma novidade que vem conseguindo adeptos de forma astronômica no mundo. No Brasil, ainda está em fase de vertiginoso crescimento, com muitos usuários do Orkut se transferindo para ele.

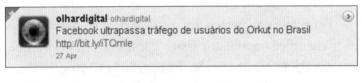

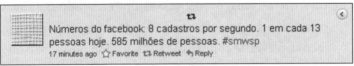

Tweet de 8/Fev./2011

As intenções do Facebook são semelhantes às do Orkut: promover o **relacionamento** entre as pessoas por meio do conteúdo gerado por cada uma delas. A diferença está na disponibilização de funcionalidades mais intuitivas, no maior poder de disseminação e no compartilhamento, além da forma dinâmica de apresentação do conteúdo, em formatos variados, e do estimulo à colaboração.

twitter

Mais seletivo, o Twitter é uma ferramenta de disseminação de informação, na qual o usuário seleciona as pessoas que quer seguir pelo interesse no conteúdo que elas produzem, e os seguidores dele o escolherão pelo mesmo motivo.

"What's happening?" [o que está acontecendo?] é a pergunta que o Twitter faz para motivar seus usuários a disseminarem as informações que vêm chamando sua atenção no mundo e no universo em que estão inseridos, complementando o perfil básico do indivíduo por meio do conteúdo que ele dissemina ou produz.

Mesmo que você ache que não tem nada a dizer, não se intimide em participar dessa **rede de informações**. Permita-se, ao menos, ler o que as pessoas postam, mas será difícil continuar passivo por muito tempo, porque, em algum momento, algo o impactará e o instigará a buscar mais informações sobre o assunto, levando-o a novas opiniões e à formação da sua própria. Então, um desejo incontrolável de compartilhá-la o surpreenderá pelo que parece ser uma limitação: **os 140 caracteres**.

A proposta de disseminar as informações em 140 caracteres – os famosos **Tweets** – inicialmente assusta quem está acostumado a contar longas histórias em seus *blogs* e depoimentos em outras mídias. Porém, a dinâmica de uso do Twitter mostrará que isto é possível e divertido, um exercício à criatividade!

Em sua postagem, o usuário poderá contar o início de uma história e remeter o seguidor a um *link*, onde esta será continuada, ou, ainda, poderá complementá-la com o uso de ferramentas que apoiam o Twitter e possibilitam a inserção de outros formatos de conteúdo, como, por exemplo, a transmissão de imagens em tempo real.

Ferramentas de apoio ao Twitter:

Permite o envio de fotos para o Twitter. Possui versões em aplicativos para **smartphones**, que facilitam o compartilhamento de imagens em tempo real.

Outras ferramentas com funções semelhantes ao Twitpic são o Yfrog e o Twitgoo.

Esta ferramenta permite ao usuário pesquisar imagens postadas no Twitpic, Yfrog e Twitgoo por meio de palavras-chave. A propósito, aqui vai uma dica interessante para o usuário facilitar a busca de imagens e fazer que mais pessoas tenham acesso a esse conteúdo: relacionar sempre as imagens a palavras que as representem de forma objetiva.

Ferramenta perfeita para a transmissão de vídeos, o Twitcam é ideal tanto para quem quer manter uma presença mais profissional na rede, disponibilizando treinamentos e palestras *on-line*, quanto para quem quer apenas reunir seguidores para um bate-papo informal. Com o uso do Twitcam, a experiência se complementa com a interação entre os participantes por meio de *chat*.

Esta ferramenta tem funcionalidade semelhante ao Twitpic, possibilitando o compartilhamento de imagens em vídeo, também com versões em aplicativos para *smartphones*.

WIKIPÉDIA
A enciclopédia livre

Wikipédia é uma enciclopédia *on-line* multilíngue, livre e colaborativa, ou seja, escrita internacionalmente por várias pessoas comuns de diversas regiões do mundo, todas fazendo-o voluntariamente. Por ser livre, entende-se que qualquer artigo desta obra pode ser transcrito, modificado e ampliado, desde que preservados os direitos de cópia e modificações.

flickr

Site da *Web* de hospedagem que partilha imagens fotográficas – e eventualmente outros tipos de documentos gráficos, como desenhos e ilustrações –, caracterizado também como mídia social. O Flickr permite que seus usuários criem álbuns para o armazenamento de suas fotografias e entrem em contato com fotógrafos de diferentes locais do mundo. É considerado um dos componentes mais exemplares daquilo que ficou conhecido como Web 2.0 no que diz respeito ao grau de interatividade permitido aos usuários. O *site* adota o popular sistema de categorização de arquivos por meio de *tags* (expressão em inglês que pode ser traduzida como "etiquetas"), e também pode ser considerado um *flog*, que é um espaço semelhante a um *blog*, mas com a predominância de fotos em vez de textos.

O Flickr também é uma ferramenta muito eficiente para profissionais cujo portfólio de trabalho é constituído de imagens, como *designers*, diretores de arte, artistas plásticos, artesãos, confeiteiros, estilistas, paisagistas, arquitetos e decoradores, etc.

Picasa Web é um serviço gratuito do Google para o armazenamento e o compartilhamento de fotos na internet. Tem total integração com o programa de computador de mesmo nome, Picasa, em sua opção Álbuns da Web, sincronizando álbuns de fotos locais com álbuns *on-line*.

YouTube

O YouTube é um *Website* de compartilhamento e armazenamento de vídeos em formato digital.

USTREAM

Ustream é uma plataforma que permite a qualquer usuário com conexão de internet e uma *webcam* transmitir imagens ao vivo; trata-se de uma ferramenta com funcionalidades similares à Twitcam.

Comunidade mundial de compartilhamento de apresentações, documentos e PDFs, muito utilizada por profissionais que buscam novidades em suas áreas de atuação e troca de conhecimento.

Ferramenta de geolocalização acessada por meio de um aplicativo de smartphone, que possibilita aos seus participantes compartilhar suas experiências em locais que costumam frequentar, por meio de *"check-in"* que sinaliza sua presença aos seus seguidores e informa as suas impressões, construindo um guia pessoal de recomendações.

O Foursquare atua em convergência com outras mídias sociais, como o Twitter e o Facebook, dando ao usuário a opção de compartilhar o *"check-in"* por meio delas.

A mídia social Formspring propõe que seus usuários aprendam um pouco mais sobre seus seguidores, estimulando a geração de perguntas a respeito de sua vida pessoal e de sua opinião sobre algum assunto específico e gerando discussões.

vimeo

O Vimeo oferece aos usuários as mesmas funcionalidades do YouTube. Alguns internautas se posicionaram em relação às diferenças entre os dois *Websites*, sendo unânime a opinião de que o Vimeo possui uma qualidade superior de transmissão, mas, em compensação, sua popularidade é bem menor que a do YouTube.

Aqui a música é o meio da atração entre as pessoas. A Last.FM permite que o usuário mantenha um registro do que ouve e onde o faz, identificando seu gosto musical. Esta mídia social o apoia por meio de recomendações musicais baseadas em seu gosto pessoal e, além disso, permite-lhe encontrar pessoas e participar de comunidades com características semelhantes às suas. É a estação de rádio particular do usuário no universo digital.

tumblr.

O Tumblr. permite ao usuário interagir num único canal com músicas, textos, vídeos e chats, entre outras coisas. Uma das mais novas mídias sociais, que vem conquistando o público com facilidade.

Comentamos aqui algumas das principais mídias sociais, para que você possa perceber a importância de escolher bem sua participação, mas há inúmeras outras possibilidades além das expostas.

Integrando as mídias sociais a seu favor

Que tal aproveitar todo o potencial das mídias sociais a seu favor? Chegou o momento de você se apropriar de todas as funcionalidades e poder dessas mídias para se posicionar de uma forma positiva nos ambientes digitais, por meio de uma utilização estratégica e consciente dos meios em que mantém presença.

A dinâmica de posicionamento nas mídias sociais se dá pelo uso integrado desses meios, em que a força de um complementa a do outro, mantendo uma uniformidade entre os perfis e conteúdos disseminados.

Com o objetivo de atender aos diversos níveis de conhecimento e de afinidade do usuário com a gama de opções de *Websites* sociais disponibilizados na rede, desenvolvemos três formatos de estratégia de integração, as quais classificamos por níveis:

- Básico.
- Intermediário.
- Avançado.

Nível básico

Neste nível, encontram-se as três mídias sociais mais populares: Orkut, YouTube e Linkedin.

ORKUT. Ambiente em que o usuário, com certeza, irá reencontrar muitos amigos e será encontrado por eles, seja aqueles que fizeram parte da sua infância e adolescência, seja familiares, amores antigos e atuais ou colegas de trabalho.

No Orkut, o usuário está diante de uma situação em que é necessário manter o equilíbrio do pilar do **relacionamento**, sendo este o segredo para que sua imagem seja bem posicionada no universo *on-line*, atenda às necessidades de conteúdo dos membros que o seguem e, ao mesmo tempo, focalize os objetivos que ele pretende alcançar.

O usuário deve definir os tipos de conteúdo que irá produzir a partir das características dos membros que compõem a sua rede; para ser assertivo, ele deve avaliar quais são os grupos predominantes, ou seja, aqueles cujo grau de presença é maior.

Para fazer isso, divida os membros do seu perfil em grupos, classificando-os de acordo com o pilar de relacionamento ao qual eles estão associados – desse modo será mais fácil definir o conteúdo que predominará em sua rede. Mas não se esqueça de, em alguns momentos, contemplar também os outros níveis, assim todos ficarão satisfeitos.

YouTube. Esta é a ferramenta que vai contribuir para a diversificação do conteúdo disseminado a partir do seu perfil, possibilitando o compartilhamento de vídeos que chamaram sua atenção no universo da mídia social.

Linkedin. Qualquer que seja o nível de interação dos usuários com as mídias sociais, sugerimos que todos os que já atuem efetivamente no mercado de trabalho mantenham presença viva no Linkedin. Vale a pena exercitar-se a fundo e entender a dinâmica dessa mídia social, cujo foco é a carreira profissional.

O Linkedin contribuirá com o posicionamento da imagem do usuário nos ambientes digitais, desde que este gere conteúdo pessoal que reforce as necessidades do pilar das relações profissionais.

Nível intermediário

Neste nível, inserimos outras mídias sociais, que, de acordo com a escala de evolução de uso das ferramentas sociais, são adotadas pelas pessoas no dia a dia.

FACEBOOK. Esta ferramenta apresenta recursos mais avançados que o Orkut. Com funcionalidades que permitem uma experiência diferenciada de disseminação de informações, o Facebook exige maior diversificação nos formatos de conteúdo, e isso provoca no usuário a necessidade de valer-se de ferramentas de socialização específicas para a postagem de fotos ou, até mesmo, de apropriar-se do YouTube para armazenar suas próprias produções audiovisuais.

No Facebook, além de os seguidores poderem avaliar as postagens com um simples *click* em **Like/UnLike**, poderão também comentá-las, ampliando o alcance do seu conteúdo e do seu perfil, já que todos os comentários gerados por eles são sinalizados em tempo real para sua rede de contatos, demonstrando o poder que essa mídia tem para posicioná-los de forma rápida no **universo digital**.

YouTube. Com o advento do Facebook, o YouTube tornou-se um forte aliado na diversificação do conteúdo disseminado por seus usuários, principalmente no que se refere aos vídeos que eles mesmos produzem, prática beneficiada pelas funcionalidades do registro de imagens disponibilizadas em diversos modelos de aparelhos celulares.

LINKEDIN. O Linkedin já ganhou força e importância no dia a dia do usuário de nível intermediário, aquele que já percebeu o poder dessa rede social para agrupá-lo a pessoas que foram, são e/ou serão importantes para sua carreira profissional.

SETE PASSOS PARA FORTALECER SUA PRESENÇA NO LINKEDIN

1. Seja criterioso no momento de preencher seu perfil, não deixando em branco nenhum dos itens solicitados, incluindo a personalização da URL (endereço na

Web para acesso à sua página) com seu nome (um procedimento que tomará apenas quatro minutos do seu tempo).

2. Identifique pessoas próximas que mantêm presença nessa rede social, como colegas de escola, de universidade e de trabalho.

3. Participe de grupos de discussão cujo conteúdo seja relevante para você, lendo as postagens e colaborando com o fórum.

4. Lembre-se de manter seus dados atualizados, com informações que possam agregar valor ao seu perfil.

5. Siga as empresas que mantêm um perfil na rede, principalmente aquelas nas quais você gostaria de trabalhar.

6. Caso esteja em um período de transição profissional, pesquise sempre para se certificar da presença de novos perfis de empresas na rede. Todos os dias, busque por anúncios de oportunidades em sua área de atuação.

7. Ao fazer uma recomendação sobre algum de seus seguidores, lembre-se de que o ambiente é profissional e, portanto, requer o uso de uma linguagem mais formal. Não deixe que o excesso de intimidade crie uma situação embaraçosa para você e seu amigo.

BLOG. Usuários do nível intermediário que optaram por ter um espaço receptivo na rede, no qual possam expor sua opinião sobre os assuntos de seu interesse, conseguem perceber que a integração das mídias sociais possibilitou uma maior disseminação do seu conteúdo, gerando *hiperlinks* para seus *posts* e conquistando maior audiência para suas ideias.

ligiamarqs Ligia Marques
#EtiquetaCorporativa Conheçam nosso novo blog e participem!
http://os7pecadosdomundocorporativo.blogspot.com Espero por
vcs.lá também!

FLICKR. Assim como o YouTube, o Flickr é um forte aliado na diversificação dos formatos de conteúdo que o usuário pode disponibilizar em sua rede, principalmente se ele gosta de fotografar. Pode ser considerado uma grande **galeria** de imagens.

Como em toda mídia social, o tipo de conteúdo que o usuário disponibilizará em seus perfis dependerá do objetivo que ele quiser alcançar com a utilização de cada ferramenta. Quer o foco esteja no trabalho, quer nos relacionamentos pessoais, as mídias podem ser boas aliadas, desde que o usuário tenha bom-senso.

Nível avançado

O usuário deste nível tem uma **atitude 3.0**. Com domínio total das mídias sociais, ele tem a segurança de saber o que quer e, sem medo de errar, experimenta todos os recursos que as ferramentas de apoio têm a oferecer.

Neste nível, seu **poder** é extremo. Você tem poder para:

- diversificar o formato do conteúdo;
- disseminar informações de forma integrada;
- dizer onde está;
- recomendar e compartilhar em tempo real;
- mobilizar e atrair pessoas para ver e ouvir o que tem a dizer.

E faz tudo isso **ao vivo**. Na verdade, **você tem o poder de ser quem você é!**

Aqui, estamos falando de mídias sociais que se integram e apoiam o potencial daquelas consideradas mais tradicionais, cuja função é dinamizar sua forma de se relacionar com o seu **universo** de seguidores:

TWITPIC. Perfeito para quem aderiu à disseminação de conteúdos por meio de smartphones, o Twitpic tem aplicativos em versões para Apple, Android ou BlackBerry, com funcionalidades que permitem o registro da foto e a disseminação quase em tempo real a partir do próprio aparelho. A ferramenta também possui ótimo desempenho em *desktops* com compartilhamento por *upload* de arquivo.

TWITVID. Com as mesmas funções do Twitpic, esta ferramenta de apoio permite que o usuário incremente o conteúdo do seu perfil no Twitter por meio de vídeos que ele mesmo produz.

TWITCAM e USTREAM TV. Estas são as ferramentas de apoio mais impressionantes, com funcionalidades que extrapolam o conceito de **poder** que as mídias sociais transferem a seus usuários, possibilitando transmissão de imagens em tempo real, com recursos para conversação em áudio e *chat*. Elas abrem um grande leque de possibilidades para quem já tem um posicionamento sólido e domina toda a dinâmica do universo digital.

Sem limites para a criatividade, os usuários brasileiros – profissionais liberais e empresas – estão se valendo muito bem desses recursos, seja para um simples bate-papo entre amigos, seja para transmissão ao vivo de eventos, exibição de palestras com renomados especialistas de diversas áreas de atuação, treinamentos de funcionários e entrevistas coletivas.

Promotores de eventos, como casamentos e aniversários, já inseriram em seu portfólio de serviços a cobertura de festas para exibição em tempo real na internet – a solução ideal para amigos ou familiares distantes compartilharem do evento, participando das comemorações a muitos quilômetros de distância, até mesmo do outro lado do mundo.

Essas ferramentas oferecem recursos que podem ser incorporados à estratégia de profissionais de diversos segmentos, como vendedores porta a porta, que poderão demonstrar seus produtos a uma legião de clientes, ou professores particulares e até mesmo médicos, na prestação de atendimento prévio.

Para garantir a audiência, o usuário deve manter seus seguidores informados, disseminando informações por meio das diversas mídias sociais das quais faça parte, de modo a despertar a curiosidade pelo conteúdo que irá transmitir. A propósito, a ferramenta de eventos no Facebook é perfeita para convites formais, uma vez que, por meio de confirmação, permite prever o engajamento do público.

SLIDESHARE. O Slideshare, que se apresenta como "a melhor forma de compartilhar apresentações, documentos e vídeos profissionais", tornou-se uma grande referência para pesquisas de conteúdo técnico. Um grande apoio no posicionamento de carreira do usuário, que interage perfeitamente com diversas mídias sociais e contribui em muito com a força do seu perfil no Linkedin.

FOURSQUARE. Mais uma mídia de apoio que trabalha em convergência com o Twitter e o Facebook, exclusiva para usuários de **smartphones**. Sua divertida dinâmica de interatividade motiva a colaboração dos usuários, construindo um rico conteúdo de recomendações de restaurantes, bares, baladas, hotéis ou qualquer outro lugar cuja experiência tenha motivado a expressão de uma opinião, seja ela positiva ou negativa.

O Foursquare contribui com o posicionamento do usuário na rede, possibilitando que seus seguidores percebam seus gostos e estilo de vida, tendo como referência os lugares que frequenta.

Com estas explicações e sugestões, acreditamos que você possa começar a planejar melhor seu grau de participação no universo digital.

Um exemplo de atitude 3.0

Alguém imaginaria que um carrinho de churros seria capaz de uma atitude tão inovadora? Pois este chamou a atenção dos clientes e transeuntes com uma plaquinha amarela, convidando aqueles que, frequente ou ocasionalmente, transitam pela região, a visitar suas comunidades no Orkut.

Ciente da qualidade do seu produto, dona Lucimar, a responsável por preparar "o melhor churros do Brasil", segundo os membros de suas comunidades, descobriu uma fórmula perfeita para fidelizar clientes apaixonados por churros e também para atrair clientes novos. Agora, o carrinho da dona Lucimar tornou-se referência turística. Quem não vai ficar com água na boca depois de ver tanta gente comentando e declarando sua **paixão** pelos churros através das comunidades que ela criou?

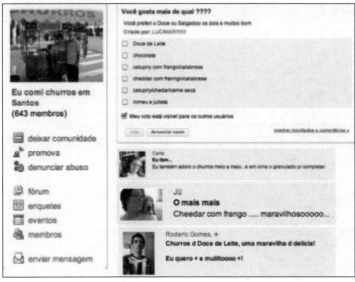

A preocupação em manter a satisfação dos clientes fez dona Lucimar identificar, de forma intuitiva, uma oportunidade de **ouvi-los**; promovendo enquetes e discussões sobre suas preferências ela obtém informações que a ajudam a decidir sobre os sabores que permanecerão ou serão descartados de seu variado cardápio.

Capítulo 4

Sua identidade nas mídias sociais

O primeiro passo para se posicionar nos ambientes digitais é decidir de quais mídias sociais você participará. Escolha aquelas cujas funcionalidades **mais se identificam** com seus objetivos.

Tomada esta decisão, vem a etapa de criação do **perfil**.

Sua identidade é mais importante do que parece, e deve ser descrita pensando mais nas **pessoas que o acessarem** do que em si mesmo.

Por quê? Porque você sabe exatamente quem é, mas as outras pessoas não sabem, querem saber ou se certificar de que o conhecem. E o motivo disso é muito simples: as pessoas gostam de obter informações o mais detalhadas possível sobre aqueles com quem estão iniciando um relacionamento. É por isso também que é importante colocar em seu perfil uma foto atualizada, assim todos poderão **identificá-lo** ou reconhecê-lo.

Ninguém gosta, por exemplo, de se relacionar com um ovo!

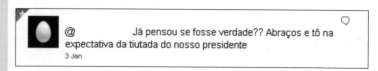

O próprio Twitter fornece esta orientação aos seus usuários:

> **Perfil**
>
> Essa informação aparece no seu perfil público, os resultados da pesquisa, e mais além.
>
> Isso ajuda a identificá-lo imediatamente para aqueles que seguem você, e diz que aqueles que não estão mais sobre você.
>
> **Dicas**
>
> Preenchendo as informações do perfil vai ajudar as pessoas a encontrar você no Twitter. Por exemplo, você terá mais chances de transformar-se em uma busca no Twitter, se você adicionou a sua localização ou seu nome verdadeiro.
>
> Sua foto do seu perfil Twitter ajuda a identificá-lo imediatamente para aqueles que seguem você - e diz que aqueles que não estão mais sobre você.

A criação de um perfil é uma grande e ótima oportunidade de trabalhar seu **marketing pessoal**, uma atitude que contribui para o posicionamento do usuário na rede. Não despreze nem subestime esta etapa do processo.

Um perfil bem configurado conta muitos pontos para a imagem do usuário e para o seu sucesso *on-line*; preencher completa e corretamente todos os campos garantirá que as pessoas o encontrem mais facilmente.

Veja alguns exemplos de perfis simples, mas bem resolvidos:

Ligia Marques
@ligiamarqs Brasil- São Paulo
Antropóloga formada pela USP. Consultora em Etiqueta Social, Corporativa e Marketing Pessoal. Palestrante
http://www.ligiamarques.com.br

Augusto de Franco
@augustodefranco Brasil
Augusto de Franco é um dos netweavers da Escola-de-Redes
http://escoladeredes.ning.com

Quanto mais informações verdadeiras a seu respeito o usuário disponibilizar, mais as pessoas saberão o que é possível esperar dele.

64 Etiqueta 3.0: você on-line & off-line

Ver fotos de Henrique (9)
Ver vídeos de Henrique (2)
Ver você e Henrique
Enviar uma mensagem para Henrique
Cutucar Henrique

Educador e Distribuidor Herbalife. Apaixonado por sua família, amigos e profissão. Adora falar em público e se realiza profundamente depois de uma palestra bem ministrada. Casado com sua ex-aluna, Virgínia e pai do Christian!

Fabiano Durand
Trabalha na empresa Freelance • Estudou Artes Visuales, diseño na instituição de ensino Academia de San Carlos • Mora em Cidade do México • Casado com Ileana De La Cruz • Fala Língua castelhana, Língua portuguesa e Língua inglesa • De Cidade do México • Nasceu em 19 de janeiro

Paulo Carmo
Consultant at Bradesco Bank by EGV Consulting and CPM Braxis.
São Paulo Area, Brazil | Information Technology and Services

Paulo Carmo Hj debate ao vivo sobre Inovações e Tendências no Meio Digital c/ @gilgiardelli e Ricardo Almeida, por HSM http://bit.ly/aNxMF3 #cpbr4 #in via Twitter

Há 3 horas • Gostei • Comentar • Enviar uma mensagem • Visualizar todas as atividades

Atual	• CONSULTANT na EGV Consultoria
Anterior	• IT ENGINEER (Project Management Office - PMO area) na Itau Unibanco Banco Comercial • IT ENGINEER (IT Governance area) na Banco Itaú • IT ENGINEER (Telecom and IT Infrastructure areas) na Banco Itaú
	visualizar tudo...
Formação acadêmica	• Escola Superior de Propaganda e Marketing • Fundação Armando Alvares Penteado • Faculdade de Engenharia Industrial
	visualizar tudo...
Recomendações	**17** pessoas recomendaram Paulo
Conexões	**338** conexões
Sites	• Marketing em Redes Sociais
Twitter	pacarmo
Perfil público	http://br.linkedin.com/in/paulocarmo

Ligia Marques e Hegel Vieira curtiram isso.

Veja bem: Não estamos dizendo que é errado deixar de preencher um perfil com uma boa quantidade de dados relevantes sobre si, mas, sim, que esta atitude não contribuirá para que sua rede social progrida com mais eficiência.

Observe os exemplos a seguir: se você não tiver conhecimento prévio de quem são as pessoas apresentadas, continuará sem saber quem são. Por que, então, segui-las ou adicioná-las como amigos?

Um perfil do Twitter, como o mostrado a seguir, que não forneça nenhuma informação sobre a pessoa, a não ser seu nome e localização, diminuirá em muito as chances de alguém querer segui-la.

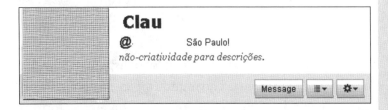

Há casos em que fica difícil saber o que o usuário compartilha na rede. Veja os exemplos a seguir. Será que o conteúdo desses usuários pode nos interessar? Valerá a pena segui-los? Só arriscando mesmo para saber.

Tio Ali
@Tio_Ali_
Conselhos do Tio Ali pra você não arder no mármore do inferno

Nomonom
@nomonom
Brasil
Uma mentira vem sempre na ponta de um anzol... Mas, quem é mais esperto, finge morder a isca e engole o pescador.

Aquele que se apresenta em seu perfil com desenhos, fotos de outras pessoas ou qualquer outra imagem acaba também se prejudicando. Ao impedir que quem acessa as mensagens ou o perfil o identifique claramente, esse usuário, muitas vezes, deixa de ganhar seguidores.

Eu recomendo: Vale a pena conhecer o projeto social Doe Palavras - http://www.doepalavras.com.br/. Que tal uma boa ação agora?
6 Nov ☆ Unfavorite ⇄ Retweet ↰ Reply

This presentation is the same that was released on an email from Charles Philips last week (#oraclesun live at http://ustre.am/IYAO)
10 Aug ☆ Unfavorite ⇄ Retweet ↰ Reply

O ideal é o usuário utilizar o espaço disponível para dar uma ideia daquilo que faz no mundo *off-line*; do contrário, o engajamento de novos seguidores e/ou contatos se tornará mais lento.

Caso resolva aderir a alguma ação em rede ou brincadeira (fato comum), procure não ficar muito tempo com uma imagem que não o identifique bem.

Sua identidade nas mídias sociais 67

De
14 a 30 de Novembro, mudem a foto do perfil por uma imagem de algumpersonagem de quadrinhos ou de desenho animado que fez parte da suainfância e convidem os amigos a fazer o mesmo. O objetivo do jogo? Não ver nenhuma foto/rosto no facebook mas uma verdadeira invasão
...
Ver mais
há 13 horas · Curtir · Comentar · Ver amizade

Ver fotos minhas (9)
Ver meus vídeos (2)
Editar meu perfil

Consultora em Etiqueta e Marketing Pessoal
Autora do SEM-NOÇÃO, o livro
www.ligiamarques.com.br
Blogs:
www.semnocaoolivro.blogspot.com
www.pratiqueetiqueta.blogspot.com

E se conseguir participar da brincadeira ou da campanha aliando sua imagem ao que for solicitado, ótimo. Tanto seu perfil quanto seu engajamento em uma ação ficarão bem resolvidos, como no exemplo ao lado.

Alguns usuários colocam em seus perfis imagens que não são nem um pouco favoráveis à descrição que fazem de si. Veja o exemplo a seguir: que relação pode ter a descrição do usuário com a imagem com a qual ele se apresenta? Desfavorável, claro, pois, mesmo virtualmente, as pessoas gostam de saber com quem estão interagindo.

Nomonomon
@advmonomn

Assessoria Jurídica Empresarial, atendimento a clientes, administração, defesa de direitos

Procure trabalhar a imagem com a qual você se apresenta em seu perfil do mesmo modo como faz para se apresentar em público na vida *off-line*.

Um retrato bem tirado, de preferência com um sorriso nos lábios, vai colaborar para uma empatia imediata de quem acessar seu perfil.

👍 Ligia Marques, e Hegel Vieira curtiram isso.

Assim como na vida *off-line*, fotos de óculos escuros impedem que seus olhos transmitam alguma mensagem; é como se você tivesse algo a esconder. Observe os dois casos a seguir e perceba como a imagem sem óculos é mais convidativa, mais transparente.

A linguagem corporal é muito importante, um verdadeiro instrumento de comunicação, e os olhos são seus principais canais. O usuário que faz uso disso está, na verdade, usando as mídias sociais para fazer marketing pessoal, o que é perfeito para aumentar suas chances de sucesso.

Antes

Rogério Leão
@RogerioLeao São Paulo

Depois

Rogério Leão
@RogerioLeao São Paulo

Antes

Depois

Pense na imagem que gostaria que as pessoas tivessem de você quando abrissem o seu perfil, e certifique-se de que esta está conseguindo transmitir.

Algumas pessoas elegem partes específicas de seu corpo para representá-las em seu perfil, mas isto não é recomendado, pois nem sempre a parte do corpo escolhida cumpre o papel de transmitir aos outros a mensagem pretendida. Nesses casos, o melhor a ser feito é reavaliar a situação e dispor-se a "dar a cara" de verdade.

Fotos em que a pessoa aparece de costas ou de maneira que poucos conseguirão identificá-la também não são adequadas para quem quer fazer um bom marketing pessoal em redes.

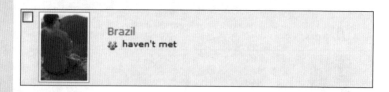

Assim como no mundo *off-line*, e segundo conceitos primordiais de marketing pessoal, seu nome é sua **marca**, e sua imagem é sua **embalagem**. Ambos devem ser conhecidos e bem trabalhados, sempre que existirem estas possibilidades.

Ressaltamos que, hoje, separar um perfil pessoal de um perfil profissional é praticamente impossível, de modo que, ao montar o pessoal, o usuário deve ser criterioso e pensar que pode ser visitado não apenas por seus amigos, mas também por pessoas com as quais se relaciona profissionalmente.

No exemplo a seguir, a pessoa informa que tem interesse em redes de contatos e de negócios, e, mesmo assim, apresenta-se com uma imagem bastante questionável em termos de seriedade profissional.

Sua identidade nas mídias sociais 71

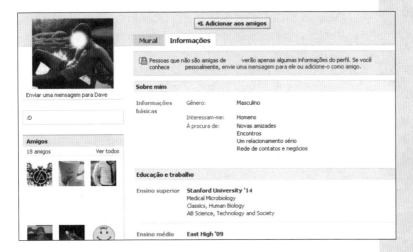

Informações sobre preferências sexuais e íntimas, assim como palavrões, podem depor contra você, caso seu perfil seja acessado com finalidades profissionais.

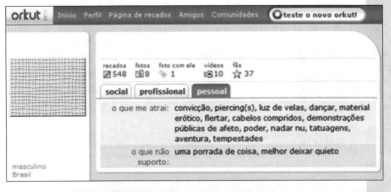

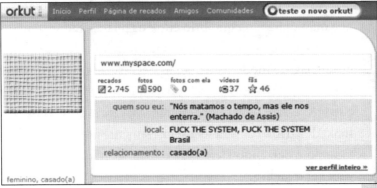

Dica: Para aqueles cujo maior interesse é encontrar um grande amor por meio das mídias sociais, sugerimos que capriche na imagem com a qual irá se apresentar, sendo o ideal uma foto de corpo inteiro, pois isso realmente interessa ao pretendente, e descreva-se de forma original. Mas, por questão de segurança, evite divulgar detalhes de sua rotina, endereço, telefones ou outros dados que possam acarretar problemas futuros.

Em relação à criação de um **perfil profissional**, bom-senso é fundamental na escolha de uma foto para se apresentar. Mostrar-se na praia, tomando cerveja, por exemplo, não condiz com o perfil de credibilidade proposto pela rede.

Além de uma boa foto, um perfil profissional deve conter informações significativas sobre seu trabalho e formas de contato. E deve ser atualizado com regularidade, claro!

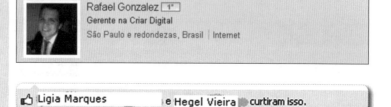

Ao estruturar um perfil, o importante é definir objetivos que mantenham o equilíbrio entre os pilares que sustentam sua vida social, construindo-o com um resumo de todas essas instâncias, de modo a atender às necessidades dos contatos familiares, afetivos e profissionais que integram suas redes e se interessam pelo seu conteúdo. Mas quando se tratar do Linkedin, o foco deverá ser exclusivamente profissional, destacando e deixando claro para os seus seguidores o que faz você ser o melhor!

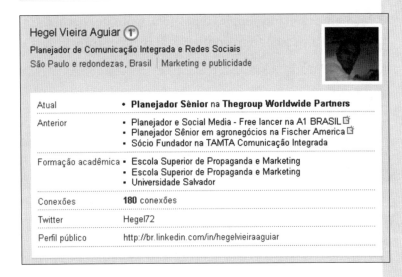

No exemplo de página do Linkedin a seguir, a imagem escolhida não traduz nenhum comprometimento com uma imagem profissional.

Agora que você dispõe das principais coordenadas em relação à construção de perfis, procure segui-las, lembrando-se sempre de responder satisfatoriamente às questões:

- Que imagem estou passando a quem acessa meu perfil nessa mídia social?
- Meu perfil colabora para que as pessoas me localizem com facilidade?
- Estou atualizando meu perfil com frequência?
- Há alguma grande discrepância entre meus perfis pessoal e profissional?

Veja um resultado simples e positivo. Com um perfil esclarecedor, a pessoa foi reconhecida e reencontrou antigas e queridas amigas!

Ligia Marques
Muito muito feliz hoje. Acabo de ser encontrada,graças ao FB, por 3 das melhores amigas de infancia (Lidia não fique com ciúmes,heim?!) .Saudades da Rua Maranhão!!!! saudades de vocês Fê, Lu e Magda!!!

22 de novembro de 2010 às 08:59 · 🔒 · Curtir · Comentar

Capítulo 5

Gestão da sua imagem nas mídias sociais

A maneira pela qual se dá a percepção do **outro** é fundamental para as relações humanas, e, neste sentido, aquelas mediadas por computador têm uma particularidade: devido à inexistência do contato face a face, as pessoas são conhecidas e julgadas por suas **palavras**, ou seja, por aquilo que postam.

A imagem que formamos de um usuário de determinada rede social é aquela construída a partir daquilo que ele posta e que seus seguidores veem e leem. Desse modo, para que um certo grau de individualização, empatia e identificação, perdidos na falta do contato real, se estabeleça entre os que postam e os que os seguem, é importante que todo usuário ofereça a seus seguidores corretas informações e imagem de si.

Partimos do princípio de que **nada** que é postado nessas mídias tem caráter **pessoal**, uma vez que tudo permanece disponível a muitas visualizações, muitas opiniões, muitas colaborações.

O termo "pessoal" relaciona-se às informações de caráter individual, àquelas que **não deveriam ser divulgadas publi-**

camente e, portanto, particulares. Mas como não é disso que estamos tratando, o mais adequado será adotarmos o termo **social** para nos referirmos ao que for compartilhado nas mídias sociais e que não envolva interesses profissionais.

Assim, a primeira questão que se coloca neste momento tem a ver com a diferença entre participar de uma mídia social como pessoa física (socialmente) ou jurídica (profissionalmente).

Existe uma divisão bem delimitada entre esses dois tipos de perfis?

Esta é uma pergunta cuja resposta vem apresentando uma grande alteração ao longo do tempo. Ter a noção exata de quanto devemos nos expor nas mídias sociais não é uma questão muito fácil de ser entendida e aplicada.

Assim como consumidores compulsivos, muitos usuários postam por impulso, sem avaliar o conteúdo daquilo que compartilham na rede. (Por sinal, alguém, muito oportunamente, postou no Twitter: "Se beber não tuíte!".)

Outra pergunta que não quer calar: o **nível de exposição** de um usuário pode variar de acordo com o tipo de mídia social de que participa ou ele deve manter o mesmo padrão em todas?

É importantíssimo ter claro que a participação em mídias sociais não se assemelha em nada a uma terapia em grupo, na qual podemos colocar para fora o que nos vem à cabeça. Então, em qualquer mídia social da qual se participe, nunca haverá um profissional (psiquiatra/psicólogo) mediando as colocações, mas, sim, alguns milhares ou milhões de pessoas prontas para entender aquilo que tiver sido postado da maneira que lhes for mais conveniente ou fácil de interpretar.

Imagine se, no impulso de postar, escrevemos a primeira coisa que nos vem à cabeça e acabamos por dizer coisas comprometedoras? Na maioria das vezes, este é um caminho sem volta, que pode comprometer muitas pessoas, além de quem fez a postagem, claro!

Ferramenta dá ao público a chance de contestar os famosos

XUXA

▶ Ela se irritou com os fãs que brincaram com o erro de português de sua filha (que escreveu "sena" em vez de "cena") :

@xuxameneghel Sou eu Sasha. Estou aqui filmando e vai ser um ótimo filme. Tenho que ir... vou fazer uma sena com a cobra

▶ Xuxa despediu-se do Twitter com a mensagem:

@xuxameneghel fui vcs não merecem falar comigo nem com meu anjo

RITA LEE

▶ Cantora fez críticas a Itaquera quando foi divulgado que o futuro estádio do Corinthians no bairro seria a sede da Copa em SP:

@LitaRee_real Para quem não conhece, Itaquera é o c... de onde sai a b... do cavalo do bandido

▶ Depois de ser ameaçada, pediu desculpas e chegou a sair do Twitter, mas mudou de ideia:

@LitaRee_real Os amiguinhos tuiteiros me pediram pra voltar

GAL COSTA

▶ Em mensagem, cantora baiana disse que as pessoas são preguiçosas na Bahia:

@gal_costa Técnico do ar-condicionado ñ pode terminar o trabalho pq está com dor de cabeça. Essa é a Bahia!!!

▶ No dia 19, Gal Costa despediu-se da rede social:

@gal_costa Um beijo com carinho, amor e delicadeza para os q preservam estes sentimentos

As transcrições dos tweets são literais

Fonte: *Folha de S.Paulo* – 30/Jan./2011.

Veja um exemplo de interação negativa que acabou obrigando a empresa a tirar o *site* do ar até o caso ser devidamente solucionado. Quantas pessoas saíram prejudicadas com uma ação deste tipo? #SemNoção

A SAMSUNG informa que um de seus fornecedores de conteúdo para o website postou fotos sugerindo violência a animais, em total desrespeito às diretrizes da SAMSUNG. Independentemente de as fotos serem ou não verdadeiras, a SAMSUNG repudia veementemente qualquer forma de violência aos animais, mesmo que de forma fictícia. As diretrizes de sustentabilidade e governança da SAMSUNG exigem o respeito irrestrito à natureza, tanto de seus colaboradores diretos como dos prestadores de serviços ou parceiros, bem como à proteção de todas as formas de vida. Diante disso, a SAMSUNG lamenta o ocorrido, informando ter adotado as medidas cabíveis, inclusive junto às autoridades competentes. Lamentamos informar que, até a substituição do fornecedor, nossos serviços ficarão fora do ar.

Não importa em qual mídia social você esteja presente, as regras do bom relacionamento serão as mesmas e sempre baseadas no bom-senso, **respeito** às ideias do outro, educação e gentileza.

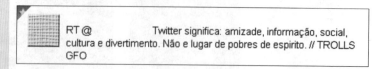

RT @   Twitter significa: amizade, informação, social, cultura e divertimento. Não e lugar de pobres de espirito. // TROLLS GFO

Aliás, é bom esclarecer: as mídias sociais são extremamente voláteis. Aquela que no momento está sendo a febre mundial, pode, de repente, dar lugar a outra. Nem por isso, no entanto, devemos abandonar os critérios para fazer uma boa postagem, que não prejudique ninguém, nem a nós mesmos.

Com o surgimento de tantas formas de participação *on--line* começou-se a produzir, além de conteúdos interessantes, uma grande bagunça, e as pessoas se perderam nos **limites** de onde acabava sua participação social e começava sua interação em nome de uma empresa.

Muitas pessoas criam **perfis contraditórios** quando se apresentam social e profissionalmente. Outras, participam de tantas mídias sociais que mal conseguem interagir de forma produtiva em uma delas.

Por conta da irresponsabilidade em interagir em redes, começam a surgir casos de empresários, executivos e outros profissionais que são demitidos por não avaliarem corretamente sua participação e as responsabilidades inerentes a ela.

As barreiras entre uma participação de caráter social e uma profissional estão caindo. Hoje, as pessoas devem tomar muito mais cuidado com aquilo que publicam em seu perfil social, com aquilo que compartilham e com os conteúdos que acessam, pois isso pode comprometer seu perfil profissional de maneira séria e, muitas vezes, irreversível.

Gestão da sua imagem nas mídias sociais 79

Fotográfo do Agora é agredido por membros do Palmeiras e demitido por post no Twitter
Da Redação
O fotógrafo ▇▇▇▇▇▇ que prestava serviço para o jornal *Agora São Paulo*, foi agredido por três conselheiros do Palmeiras, inclusive o ex-diretor de futebol ▇▇▇▇▇▇, por um post no Twitter. ▇▇▇▇▇▇ também foi demitido do jornal por ter ofendido o clube pelo microblog. Após chamar os palmeirenses de porcos pela rede social, o fotógrafo foi atingido por um soco e obrigado a sair do clube. ▇▇▇▇▇▇ acompanhava o resultado da eleição que definiu o novo presidente do Palmeiras, Arnaldo Tirone.
"Enquanto os porcos não se decidem poderiam mandar mais lanchinhos e refrigerante para a imprensa que assiste ao jogo do Timão na sala de imprensa", escreveu em seu perfil (@▇▇▇▇▇▇), que foi retirado do ar.
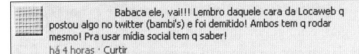

Fonte: Comunique-se. O Portal da Comunicação.

 Babaca ele, vai!!! Lembro daquele cara da Locaweb q postou algo no twitter (bambi's) e foi demitido! Ambos tem q rodar mesmo! Pra usar mídia social tem q saber!
há 4 horas · Curtir

publicado há 17 horas
Respeito. Só precisava isto. Ele pode torcer para quem quiser. Mas tem que ser profissional. Agora pode perder o emprego e por ter se queimado, vai ficar difícil de arrumar outro...

As mídias sociais, por sua própria característica de construção, não oferecem aos seus usuários uma garantia de que as várias redes das quais participam possam ser separadas de modo eficiente. Alguns buscam dividir seus contatos e grupos de acordo com os papéis que representam na vida real, mas isso, além de muito trabalhoso, é ineficiente, pois uma informação que se considere privada está, na verdade, compartilhada sem que a pessoa se dê conta. E quando essas falhas são percebidas, muitas pessoas optam por "não brincar mais" e deletam o perfil, como foi feito no exemplo anterior.

Fica claro, então, que o limite entre o pessoal e o profissional é bastante tênue, e que as pessoas parecem não estar prontas para encarar eventuais gafes cometidas.

Os usuários que começam a participar de uma mídia social com a intenção de conversar com amigos e familiares, passar o tempo, jogar *games* colaborativos ou outra forma qualquer de entretenimento têm uma responsabilidade menor, mas nem por isso menos importante do que aqueles que postam em nome de empresas.

As novas tecnologias permitem que nossa vida pessoal e profissional seja vasculhada, e por isso devemos estar preparados para responder à seguinte pergunta: "Há algo no meu perfil que possa me prejudicar profissionalmente?".

A falta de privacidade é algo inerente às novas tecnologias, e ninguém que as utilize em seu dia a dia poderá reclamar por esta invasão, uma vez que, ao participar de qualquer uma dessas mídias, aceitou os termos de uso. Este é mais um motivo para que as postagens sejam feitas com critério, sempre pensando nas consequências que poderão acarretar.

De acordo com Dr. Túlio Vianna, professor de Direito Penal da UFMG, "a privacidade hoje se coloca como o mero direito de não ser visto, fotografado ou exposto", mas isso está cada vez mais longe de ser respeitado.

Seu perfil profissional e pessoal

Nem sempre podemos distinguir um perfil pessoal de um profissional, e, então, surge mais claramente a intersecção dos dois tipos de perfis.

- Podemos ser pessoas diferentes em cada um deles?
- Qual perfil devemos priorizar?

Sem dúvida, devemos dar grande atenção à nossa imagem profissional e evitar compartilhar qualquer coisa que possa prejudicá-la. Muitas vezes, recuperar a credibilidade perdida ou alterar a imagem adquirida perante terceiros é uma tarefa impossível, como vimos em alguns exemplos anteriores.

Antes de uma empresa se aventurar no terreno das mídias sociais, é prudente que seus executivos analisem suas motivações. As questões a seguir podem auxiliá-los:

1. Que tipo de mídia social é mais adequada aos propósitos da minha empresa? (Ter um objetivo definido é importante para que o público-alvo entenda a sua participação.)

2. Quem é o público-alvo da minha empresa? (Esta resposta ajudará a direcionar sua participação a assuntos de real interesse do público, a definir a linguagem a ser adotada e a mensurar o incremento de seguidores.)

3. Estamos preparados para dialogar e receber críticas? (Não se pode esquecer que a participação em mídias sociais é uma via de mão dupla. Falamos e ouvimos. Não se pode ser arrogante ou dono da verdade.)

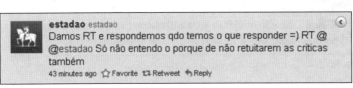

4. Temos um conteúdo relevante para alimentar essa mídia?
5. Como vamos mensurar essa participação?
6. Temos pessoas de confiança para administrar essa mídia ou será melhor terceirizar o serviço?

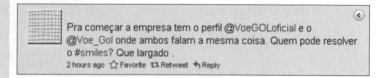

A questão relativa a quem administrará a mídia é a que mais interessa. Quem são as pessoas capacitadas para alimentar a mídia escolhida pela empresa? Esta definição é fundamental para que as chances de postagens inadequadas, como algumas que vimos anteriormente, e outras que veremos a seguir, sejam minimizadas.

A opinião que um empresário expressa nas mídias sociais em relação a determinado assunto, produto ou serviço, seja positiva ou negativa, é algo delicado, uma vez que poderá influenciar muita gente.

Saber receber críticas e não se sentir tentado a responder de forma impetuosa ou grosseira é uma das competências exigidas de quem for responsável pelas interações *on-line*.

Globo tenta frear verborragia de Boninho

Diretor do "BBB" usa Twitter para criticar concorrência e colegas, o que fere regra da rede e desagrada a direção

Cúpula diz a jornalistas extraoficialmente que não endossa as suas opiniões e desaprova o seu comportamento

Fonte: *Folha de S.Paulo* – 9/Jan./2011.

Muitos profissionais procuram participar de mídias sociais específicas para a esfera profissional, como o Linkedin, o que é altamente desejável, e participam também de outras, como Orkut, My Space, Tumblr ou Facebook, por exemplo.

Esta divisão – pessoal e profissional –, que visa selecionar os contatos de cada área da vida do usuário, acaba ditando o tom de sua participação em cada mídia. E mesmo que o usuário escolha o tipo de informação que ficará disponível em cada mídia, assim como a imagem com a qual se apresentará em cada uma, ou os álbuns de fotografia que compartilhará, deve manter-se atento às suas postagens de modo geral, pois a tentativa de dividir os conteúdos das mídias é válido, mas não garante 100% de eficiência.

Então, quando o usuário também tem uma imagem profissional a zelar, sua atenção ao conteúdo da rede de caráter mais social deve ser prioritária, evitando mensagens inadequadas, comentários vulgares, fotos em situações constrangedoras ou participação em comunidades que deponham contra seu perfil na rede profissional. Apesar de separadas, as informações a seu respeito acabam sendo interligadas por pessoas que se interessam em conferir o seu "lado B".

Se você encontra seus amigos com facilidade na internet, as empresas e seus contatos profissionais também têm condições de fazer isso. #Thinkabout

Capítulo 6
As grandes gafes

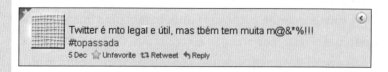

Agora, vamos à parte mais **prática** deste livro, aquela relacionada ao conteúdo compartilhado pelas pessoas e os critérios para sua avaliação.

Como já dissemos, a regra mais importante para o usuário de redes não cometer grandes gafes é evitar escrever por **impulso**. Então, **pense naquilo que estiver postando!** Afinal, tudo o que você colocar na rede ficará disponível para uma infinidade de pessoas e registrado para **sempre** sob seu nome.

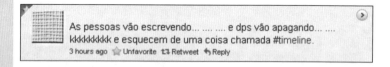

Brinque, divirta-se, namore, crie, participe, reclame, proteste, exija seus direitos, atue politicamente, manifeste suas opiniões, mas sempre pensando se aquilo que escrever poderá, de alguma forma, ofender alguém ou prejudicá-lo pessoalmente.

A seguir, algumas perguntas que o ajudarão a avaliar seu conteúdo antes de postá-lo:

1. Eu teria coragem de dizer isso pessoalmente?
2. Eu gostaria de ler isso se estivesse no lugar dessa pessoa?
3. O que escrevi expressa uma ideia preconceituosa ou pode, de alguma forma, ser interpretado como tal?
4. No que este conteúdo pode comprometer minha imagem?
5. O que estou postando pode, de fato, ser interessante para alguém?

E, por fim, a pergunta crucial:

6. Qualquer pessoa pode entrar na minha página agora e não encontrar nada que eu não queira que seja visto?

Conteúdos inadequados na prática

As mídias sociais tornam o ciberespaço bastante democrático; qualquer pessoa pode participar livremente, e justamente por isso temos casos de publicação de conteúdos tão inadequados. Vejamos exemplos de alguns desses conteúdos inadequados, aquilo que consideramos ser as grandes gafes nas Mídias Sociais

1) Fraudar a autoria de Posts

Completamente sem escrúpulos cibernéticos, respeito e educação é a pessoa que, quando gosta de um *post*, o copia e o edita, retirando sua autoria, e depois o recoloca na rede como se fosse seu.

Esse tipo de comportamento revela uma personalidade permissiva a mentiras, o que não é apreciado, seja na vida *off-line*, seja na *on-line*.

No Twitter, a ideia de "retuitar" é exatamente esta: o usuário disseminar aos seus contatos um *post* que, por algum motivo, lhe tenha sido relevante, mas preservando e divulgando sua autoria.

> Retuitar é um procedimento fácil. Basta clicar! Retuitar omitindo a autoria original da mensagem, porém, dá muito mais trabalho! #SemNoção

Veja um *post* original e o modo como ele foi novamente recolocado no *microblog* por alguém que não soube respeitar sua autoria, uma regra básica de convivência na rede:

Twitt original

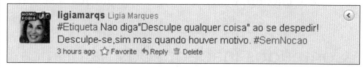

Twitt repostado

Que fazer diante disso?

Não provoque discussão *on-line*, pois isso o prejudicará ainda mais. Você pode demonstrar sua indignação – e educação – postando comentários sobre o fato sem se referir a ele diretamente, e fazendo-o de modo que a pessoa não seja identificada, mas que a carapuça lhe sirva! É o que se pode chamar de "tapa com luva de pelica virtual".

Outra boa opção é simplesmente dar um merecido *Unfollow*, excluindo a pessoa de seus contatos.

2) Posts preconceituosos ou que não deveriam se tornar públicos

Casos de invasão de privacidade e preconceito desencadeados pelas mídias sociais são mais comuns do que imaginamos, e muitas vezes com consequências sérias, até mesmo fatais.

Um exemplo de consequência fatal foi o caso Tyler Clementi, relatado pela ABC News.

Aluno do primeiro ano da Universidade Rutgers, de Nova Jersey, em 2010 Tyler teve um encontro sexual com outro rapaz filmado pelo colega com quem dividia o quarto. Esse colega, supostamente, ligou a câmera de seu *laptop* e depois colocou a gravação na internet. Uma página do Twitter, que parece ser deste colega de Tyler, contém mensagens nas quais ele assume a autoria do vídeo, e num *post* de 19 de setembro de 2010 ele diz: "Eu o vi transando com outro cara", referindo-se a Tyler Clementi.

Três dias depois, humilhado e com sua orientação sexual exposta, Tyler colocou a seguinte mensagem em sua página do Facebook: "jumping off gw bridge sorry" (saltando da ponte George Washington desculpe). E Tyler Clementi de fato se suicidou.

> **Tyler Clementi left Facebook status 'Jumping off gw bridge sorry' after Rutgers dorm sex hidden video**
> Published: Wednesday, September 29, 2010, 6:44 PM   Updated: Wednesday, September 29, 2010, 8:03 PM

Disponível em: http://www.nj.com/news/index.ssf/2010/09/tyler_clementi_left_facebook_s.html.

É válido manifestarmos nossa opinião sobre o que quer que seja, desde que o façamos com responsabilidade, e não de maneira leviana ou ofensiva. A irresponsabilidade virtual pode acarretar desde o bloqueio do usuário na mídia em que ele tenha se manifestado levianamente, como se pode ver no exemplo a seguir, até um processo judicial.

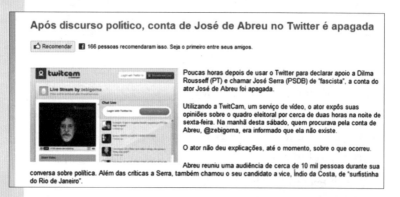

Veja matéria publicada na *Folha de S.Paulo* de 30 de janeiro de 2011:

São Paulo, domingo, 30 de janeiro de 2011   FOLHA DE S.PAULO **cotidiano**

Texto Anterior | Próximo Texto | Índice | Comunicar Erros

Tudo que tuitar pode ser usado contra você, até no tribunal

Postagens consideradas ofensivas acabam na Justiça ou em boa dor de cabeça para internautas falastrões

Anônimos ou famosos, ninguém está livre dos ecos de comentários inconsequentes nas redes sociais da internet

É preciso ter bom senso nas redes, dizem advogados

DE SÃO PAULO

As crescentes ações na Justiça fomentadas pelo mau uso da internet podem ser facilmente evitadas, segundo advogados consultados pela **Folha**. Basta ter bom senso.
"As pessoas não podem esquecer que a lei não mudou. Na dúvida, não fale mal do companheiro de trabalho, não faça piada com o chefe, não se deixe fotografar em situação vexatória. Tudo vira evidência", afirma a advogada Gilda Figueiredo Ferraz.
Segundo Alessandro Barbosa Lima, dono da empresa E.Life, que oferece serviços de monitoramento de marcas, semanalmente surgem casos de uso indevido das redes sociais por funcionários.
O advogado Eli Alves da Silva, presidente da comissão de direito trabalhista da OAB-SP, diz que não apenas os empregados podem se dar mal com o uso indevido das redes sociais. Empregadores também podem ser punidos e sofrer consequências caso os funcionários reclamem de condições de trabalho.

> "Se o internauta avançar o limite da crítica normal e partir para o lado da ofensa, pode ser processado pelos crimes de calúnia, injúria e difamação, sem prejuízo de uma indenização. Tem sempre que evitar fazer juízo de valor", afirma o advogado.
>
> Para Brum, a primeira coisa que a pessoa deve fazer ao aderir a uma rede social é ler as regras de uso e conhecer os recursos que o programa oferece ao usuário.

👍 Ligia Marques   e Hegel Vieira   curtiram isso.

Conforme declarou a advogada Gilda Figueiredo Ferraz à *Folha de S.Paulo*, "as pessoas não podem se esquecer de que a lei não mudou"; portanto, consideramos oportuno transcrever o que diz a lei utilizada para julgar casos de uso indevido de redes sociais:

Lei nº 7.716, de 1989, aprovada pelo Congresso Nacional e sancionada pelo presidente:

Art. 1º Serão punidos, na forma desta Lei, os crimes resultantes de discriminação ou preconceito de raça, cor, etnia, religião ou procedência nacional. (...)

Art. 20. Praticar, induzir ou incitar a discriminação ou preconceito de raça, cor, etnia, religião ou procedência nacional.

Pena: reclusão de um a três anos e multa. (...)

§ 2º Se qualquer dos crimes previstos no caput é cometido por intermédio dos meios de comunicação social ou publicação de qualquer natureza:

Pena: reclusão de dois a cinco anos e multa.

§ 3º No caso do parágrafo anterior, o juiz poderá determinar, ouvido o Ministério Público ou a pedido deste, ainda antes do inquérito policial, sob pena de desobediência:

I – o recolhimento imediato ou a busca e apreensão dos exemplares do material respectivo;

As grandes gafes 91

II – a cessação das respectivas transmissões radiofônicas ou televisivas.

III – a interdição das respectivas mensagens ou páginas de informação na rede mundial de computadores.

Vários casos de mau uso das mídias sociais já foram judicialmente acionados e tramitam no Ministério Público. Alguns configuram crime graves, como o de racismo, que se constata pela série de *posts* contra nordestinos. Mas o mau uso das redes também pode, ainda que de uma maneira enviezada, ter sua utilidade, como no caso do assaltante de banco que postou fotos que o ligavam diretamente ao assalto, ou a foto de um bolo de aniversário decorado com folhas de maconha, que levou à ação policial competente.

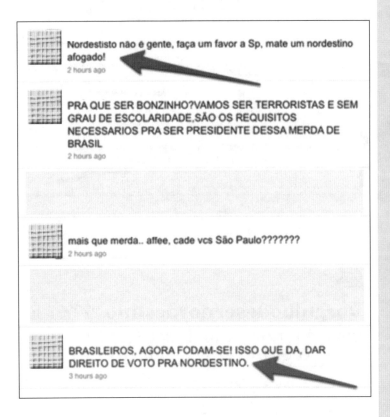

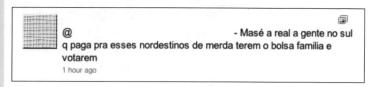

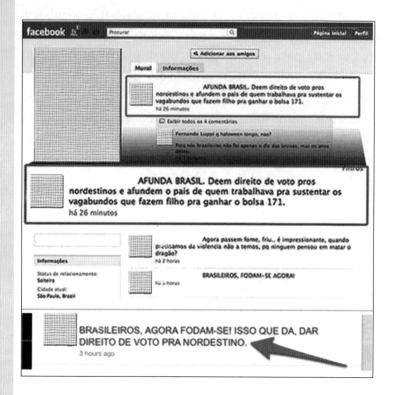

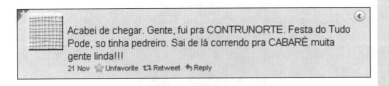

Parece, realmente, que as pessoas se esquecem de que estão numa vitrine e que tudo que postam pode ser visto por milhares de outras. Expõem-se gratuitamente de maneira a comprometer sua imagem de forma irreparável.

Veja mais alguns exemplos:

A seguir, a primeira postagem na qual o usuário aparece demonstrando uma arma e, na sequência, dias após ter acontecido um assalto a banco, ele posta outra imagem em que aparece exibindo-se com um grande montante em dinheiro. Foi fácil para a polícia prendê-lo.

Irmão de Larissa Riquelme passa a noite preso suspeito de assalto a banco

Freddy Riquelme publicou na internet fotos comprometedoras que o ligariam a assalto a agência do Banco Itaú no Paraguai.

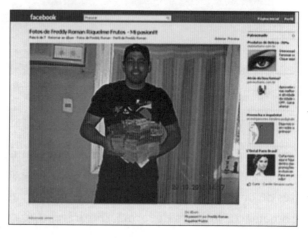

As grandes gafes 95

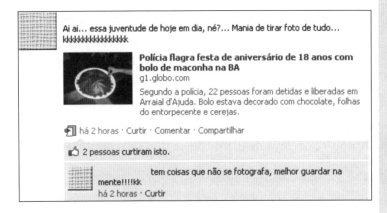

Os exemplos de postagens com conteúdos comprometedores que não deveriam ir para a rede, e no entanto foram, são muitos. Alguns causam graves distúrbios sociais, outros prejudicam terceiros, e outros, ainda, acarretam prejuízos diretamente à pessoa que os postou. E é na linha dos prejuízos ao próprio usuário que postou o que não devia que seguem os próximos exemplos:

Não escreva nada que não possa ou não gostaria de assumir publicamente

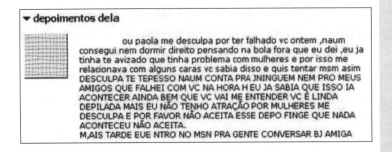

Não escreva nada que possa comprometê-lo profissionalmente

Ao fazer uma postagem, avalie muito bem o peso da sua opinião diante do mercado, e lembre-se: quanto mais alto o seu cargo, maior a sua responsabilidade. Cada mensagem que postar poderá ser vista não apenas pelo público em geral, mas também por clientes, concorrentes, superiores e subordinados.

O exemplo a seguir revela o caso de uma profissional muito bem preparada tecnicamente, cuja contratação em um novo emprego foi negada por ela ter usado o Twitter e o Facebook para falar mal do seu ex-chefe. Seu excelente currículo tornou-se irrelevante diante desse tipo de comportamento.

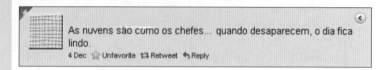

Hoje, a maioria das empresas tem um porta-voz para as mídias sociais, a fim de que nenhuma informação que lhes seja desabonadora possa cair na rede inadvertidamente. Qualquer momento de insatisfação em relação à empresa manifestado na forma de um *post* mal-educado por um de seus funcionários pode comprometer o futuro profissional dessa pessoa e a imagem da própria empresa. Então, para que problemas dessa natureza sejam minimizados, as empresas devem se preocupar em orientar seus colaboradores sobre a maneira correta de participar das mídias sociais, além de oferecer treinamentos e manter um canal permanentemente aberto para que dúvidas sejam esclarecidas entre eles e o porta-voz responsável pela divulgação de informações ao público. É preciso haver uma conscientização de que a participação das pessoas nas mídias sociais é um fato em crescimento, e que, por isso mesmo, não há mais como escapar da necessidade de definir uma estratégia de orientação abrangente.

Não queremos criticar iniciantes, inocentes, nem aqueles que, sem o devido preparo, se aventuram nas mídias sociais e acabam se dando mal. Não é o nosso foco, mesmo porque apenas criticar não vai ajudar a mudar esse panorama. Ao que nos propomos é justamente **educar** um pouco mais as pessoas, abrindo seus olhos, mostrando-lhes alguns *cases* e as respectivas consequências, a fim de que avaliem como estão participando das mídias sociais e, desse modo, evitem incorrer em atos tão insanos.

E para evitar aventurar-se na rede sem o devido preparo, leia o texto a seguir:

Genis, sarrafos digitais e as grandes empresas se molhando na chuva das redes

Antes de sair por aí se aventurando em ações nas mídias sociais lembre-se de fazer a lição de casa: estude o seu público

Vivemos a era da "Dissonância Cognitiva digital"? Ninguém sabe as regras, ninguém foi ensinado pela mamãe – "Filho, quando sair de casa, leve a blusa, desligue o gás, apague a luz e tranque bem a porta". Executivos perdendo empregos, empresas destruindo reputação da marca e pessoas criando as "Joga pedra nas Genis – versão digital".

O que leva o Trend Topic – (assuntos mais falados no Twitter) desde a abertura na copa ser a #hashtag "Cala Boca Galvão". Milhões de pessoas pelo mundo perguntando o que significava esse movimento. Um americano, inocentemente escreveu "best part of CALA BOCA GALVAO is the rest of the PLANET not having A CLUE what's this about hee."

E um brasileiro sarcástico já emendou "...GALVAO is a very rare bird in Brazil. CALA BOCA means SAVE, the brazilians are very sad because lots of GALVAOS die everyday."

Em menos de 24 horas, milhares e milhares de mensagens! Sarcásticas, irreverentes, divertidas e preconceituosas. Será que vivemos um novo "patrulhamento de ideias"? A internet, que nasce com o propósito de nos dar liberdade, conexão e comunidade, é um instrumento de sarrafo digital? Um comportamento coletivo como "Não gostamos do Galvão, então vamos destruí-lo!" é preocupante, não? Em outra vertente, por que marcas como Fiat, Nestlé, Mars (Twix), ou profissionais de empresa como National Geographic Brasil e Locaweb, estão patinando na era da democracia das redes sociais? Não julgarei ações ou atitudes, cabe a você leitor tirar sua própria conclusão.

O imbróglio mais recente foi o ti-ti-ti mais falado da grande rede!

Onde falhou a ação da Twix, em que internautas se sentiram ludibriados e intitularam em "chuva de papel" e não "chuva de Twix"? Porém, apesar dos erros, a empresa e os organizadores – pelo menos aparentemente – não editaram as críticas à ação. Isto sim é transparência radical.

Por que dois graduados profissionais de empresas como Locaweb e National Geographic perdem seus empregos por comentários infelizes em seus Twitters particulares – repito, particulares? O editor da revista National Geographic Brasil foi demitido por ter criticado via Twitter a maior publicação da casa que o empregava.

A demissão do executivo na Locaweb por má utilização de seu Twitter pessoal fez com que a empresa reagisse rápido e em menos de 24 horas tomasse medidas sensatas! Temos ainda o caso da Fiat, que afirmou não fazer carros rosa, porque tem cores mais bonitas, e que rosa é cor de são--paulino. "Alguns minutos depois, a Fiat publicou novo texto no Formspring pedindo desculpas a quem eventualmente tenha se sentido ofendido."

E o boicote ao grupo Nestlé, por causa da campanha "Kit Kat versus Orangotango" em razão de um infeliz comentário no Facebook da empresa.

As grandes gafes 99

Em minha humilde opinião, está faltando aos profissionais de marketing estudar a base do marketing e estudar o marketing direto – aquele que enviava catálogos via correio, o marketing de relacionamento. Ou seja, precisamos estudar! Os profissionais de mídia social se acham modernos e a grande maioria ignora as regras básicas do marketing.

Muitos erros aconteceram, mais e mais. Será empírico e aprenderemos. Não fique aí, só jogando pedra nas "Genis" digitais. A pergunta é: como aprenderemos com o erro dessas gigantes e desses profissionais? O que de bom eles fizeram para conter a ira das pessoas? Temos muito a aprender, e que é bom é que não existe receita de bolo e que tem gente saindo para se molhar na chuva! No mais, hoje vou comer um "diamante negro", mas confesso fiquei sem vontade de comer um "Twix".

Gil Giardelli é especialista em mídias digitais, com 11 anos de experiência na era digital. Cofundador da Gaia Creative, Justmail do Board da Amanaie e Startupi. Coordena os Cursos na ESPM de Ações Inovadoras em Comunicação Digital e Startups, economia criativa e empreendedorismo na era digital. É autor do último capítulo deste livro.

Fonte: *HSM On-line* www.hsm.com.br.

A seguir, encerrando o item dos *posts* preconceituosos ou que não deveriam ter sido publicados, segue um que a pessoa poderia ter guardado para si, pois só revela sua imaturidade e total carência de cultura e educação. #Thinkabout

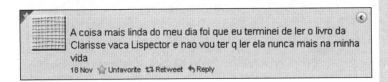

3) Terminar relacionamentos pessoais por meio das mídias sociais

Terminar relacionamentos pela internet é muito deselegante, mas, ao que parece, está se tornando comum. E o pensamento por trás disso talvez seja o de que, se o relacionamento começou pela internet, não há problema em terminá-lo pela internet, com um simples *post* como, por exemplo: "Valeu. Fique bem". E a forma como isso tem sido feito chega a ser ainda mais deselegante, pois um dos dois pode, de uma hora para outra, mudar seu *status* no Orkut ou Facebook de "namorando" para "solteiro", sem nenhum constrangimento ou respeito pela dor alheia.

Em relação a esse assunto, propomos que o velho esquema de dar e de levar um fora seja mantido, isto é, encontrando-se pessoalmente com a pessoa e terminando a relação de forma mais educada. Olhos nos olhos. E, depois, espere um tempo antes de trocar o *status* da sua página. Pesquisas já revelaram que as pessoas se magoam muito mais com esta troca repentina do *status* do que com o fora em si. É a exposição de uma rejeição em público, e isso não faz bem a ninguém.

A propósito, fizemos uma enquete pelo Facebook a respeito desse assunto e as respostas foram unânimes: dispensar namoros pelas mídias sociais é #SemNoção!

Cláudia Desculpe a minha "caipirice", mas para começar ou terminar, tem que ser pessooalmente !
11 de novembro de 2010 às 09:52 · Curtir (desfazer) · 👍 1 pessoa

Juliana Não sou a favor.
11 de novembro de 2010 às 09:54 · Curtir (desfazer) · 👍 1 pessoa

Solange ...é o fim da picada! É triste ver q muitos substituem pessoas por um botão ON / OFF!
11 de novembro de 2010 às 10:09 · Curtir (desfazer) · 👍 1 pessoa

Julio Só pessoalmente.
11 de novembro de 2010 às 10:14 · Curtir (desfazer) · 👍 1 pessoa

As grandes gafes 101

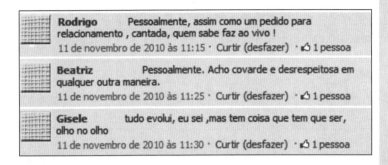

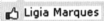

Quem foi desprezado via Rede Social acaba revoltado e retrucando na mesma moeda. Veja a seguir:

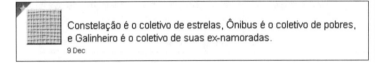

5) Palavrões

Tal como na vida *off-line*, o uso de palavrões não é considerado uma atitude educada. Devemos evitar essa prática, pois é realmente desnecessária, além de depor contra a imagem pessoal e profissional do usuário.

Podemos manifestar nosso repúdio e descontentamento com alguma situação, ou até um sentimento mais exaltado, sem ter de recorrer a palavrões explícitos, à semelhança de histórias em quadrinhos. Caracteres diversos substituem palavrões e preservam a imagem de quem postou, como vemos no exemplo a seguir: #gostei

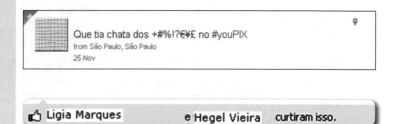

Veja casos em que o texto pesou desnecessariamente:

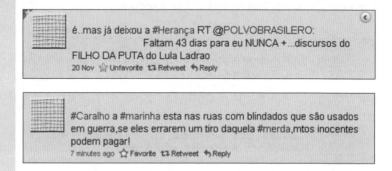

Mesmo em situações de mais nervosismo, é aconselhável avaliar a conveniência de postar um palavrões com toda clareza, como no *post* abaixo. Não somos puritanos nem pretendemos que você seja, mas ainda achamos que casos desse tipo não acrescentam nada de positivo à sua imagem. #Thinkabout

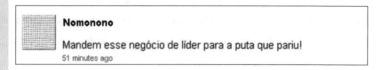

A seguir, o *post* de um profissional da área de Direito que, manifestando-se de maneira equivocadamente despojada, prejudica sua imagem perante os que acessam seu perfil, até mesmo eventuais clientes de seu escritório. Uma atitude desnecessária, que não agrega nada a ninguém. Nesse tipo de *post*, além do palavrão, fica a pergunta sobre a relevância do conteúdo de um profissional que pretende ser respeitado: a quem pode interessar se fulano está ou não com dor de cabeça?

Puta dor de cabeça
about 2 hours ago via Twitter for BlackBerry®

5) Discussões infrutíferas (vulgo barracos *on-line*)

Brigar com pessoas pelas mídias sociais é lavar roupa suja em público. É um desgaste lamentável, que todos presenciam, e o pior é que, uma vez iniciada uma discussão virtual, qualquer pessoa pode se manifestar, piorando tudo. Portanto, não caia nessa armadilha, principalmente se for uma pessoa pública ou, mais ainda, uma celebridade, pois, nesses casos, você deveria servir de exemplo.

Uma vez iniciada uma discussão virtual, coloque um ponto final nela o quanto antes. Se tiver iniciado uma discussão inadvertidamente, ou seja, sem a intenção de fazê-lo, assim que se der conta de que o fez, fique quieto – é hora de calar-se.

Vejamos, a seguir, algumas brigas virtuais envolvendo pessoas comuns e celebridades:

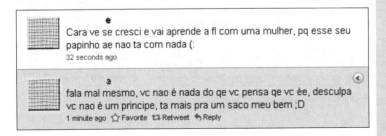

104 Etiqueta 3.0: você on-line & off-line

RONALDO
Vocês viram a diferença do 'Globo Esporte' pro resto? O resto (que nesse caso foi a Band) do nada faz porra nenhuma! 'Globo Esporte' do nada faz tudo!
jogador do Corinthians, atacando a Band no Twitter

JOSÉ LUIZ DATENA
Você é um trouxa que fica puxando o saco de emissora de televisão. O puxa-saco que é bobalhão
apresentador da Band, respondendo ao Fenômeno, ao vivo no programa "SP Acontece"

Fonte: *Folha de S.Paulo* – 30/Jan/2011.

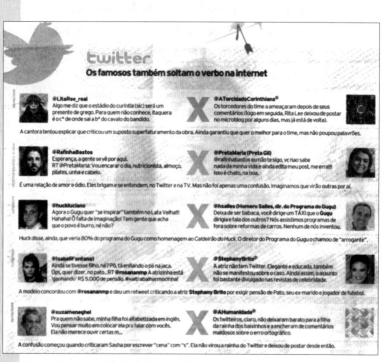

Fonte: *Revista Jornal da Tarde* Ano 5 n. 239.

> O comediante Danilo Gentilli foi investigado pelo Ministério Público por acusação de racismo após ter feito uma piada em que comparava, no Twitter, o gorila King Kong a jogadores de futebol.

E enquanto alguns brigam, outros, de maneira elegante e concisa, sinalizam claramente que não estão a fim de brigas:

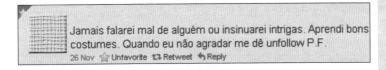

Comportamentos infantis são muito comuns de ser percebidos nas mídias sociais. "Ficar de mal", *unfollows* vingativos e todo tipo de criancice que dificilmente seria praticada na vida *off-line* veem nas mídias sociais um palco livre para suas manifestações. #mimimi

6) Erros gramaticais

Sabemos que alguns tipos de erros gramaticais são bem tolerados nas mídias sociais, e que aqueles relacionados à nova ortografia são vistos com naturalidade. Apesar disso, devemos ter consciência de que escrever errado pode, aos poucos, ir comprometendo sua imagem. Então, procure verificar a ortografia e a concordância antes de enviar seus *posts*. Uma coisa é usar abreviações para o melhor aproveitamento de um espaço pequeno, e outra bem diferente e comprometedora é errar a grafia das palavras, prejudicando o entendimento da mensagem.

Para maior clareza, nos exemplos a seguir transcreveremos de forma correta o que o usuário tentou escrever:

Se eu ganha-se por idéia, com certeza já teria juntado 1 milhão em minha conta
3 minutes ago

(Se eu **ganhasse** por ideia, com certeza já teria juntado um milhão em minha conta). Percebemos, neste caso, que não se trata de economizar espaço, e, sim, de uma pessoa que não sabe escrever mesmo.

em minha cidade glicério ouvi relatos a respeito
disso muitas das vezes os relatos são contados que a um mistério a ser desvendado
minha cidade é muito conhecida por ser mal adissuada... la temos suspeita de ser mal assombrada.. onde os espiritos e vultos que vagam pela cidade.
muitos relataram que a morte quando vem para um garante mais quatro tumbas para ser usada

(em minha cidade, Glicério, ouvi relatos a respeito disso. Muitas das vezes, os relatos contam que **há** um mistério a ser desvendado. Minha cidade é muito conhecida por ser **amaldiçoada**...)

12/06
Melhores:
são varios professores de boa indrome citarei 1 que ficou marcado por toda vida,Selma a professora de história,admiro muito sua capacidade de ensinar os alunos e a dedicação com todos,sempre querendo ajudar,não que os outros não ajudem mas e que ela tem uma forma variada de lidar com as pessoas.muito competente,um abraço Selma,de seu ex aluno edesio.

(Melhores: são vários professores de boa **índole**. Citarei um que...)

Assim com o estintor de incêndio é obrigatório nos carros,vai ser também obrigatório um bote inflável nas casas.
2 minutes ago

(Assim como o **extintor** de incêndio é obrigatório nos carros, vai ser também obrigatório um bote inflável nas casas.)

Quando uma empresa resolve participar das mídias sociais, torna-se imperioso que defina objetivos, valores e **linguagem** a ser utilizada. A terceirização do trabalho de criar conteúdo deve ficar a cargo de pessoas competentes, que possam ser responsabilizadas por ele.

Veja como o exemplo a seguir depõe contra a imagem de uma grande empresa por meio de um simples erro de grafia em uma palavra.

naturanet Natura Cosméticos
O verão é uma estação que pedi cuidados especiais com as crianças. Confira como cuidar da pele e dos cabelos
http://migre.me/2PtR5
3 minutes ago

Após a postagem e comentários a respeito do erro, imediatamente a empresa corrige o *post*:

naturanet Natura Cosméticos
O verão é uma estação que pede cuidados especiais com as crianças. Confira como cuidar da pele e dos cabelos
http://migre.me/2PtR5
10 minutes ago ☆ Favorite ↻ Retweet ↩ Reply

ligiamarqs Ligia Marques
Agencia q. contrata estagiário p/ criar conteudo digital pensando economizar, compromete a si e ao cliente.Cada erro q.vemos...#SemNoção!
☆ Favorite ↩ Reply 🗑 Delete

@ligiamarqs na mosca. Aliás, o fato das marcas contratarem estagias p SM demonstra o pouco valor q estão dando. Vão pagar o pato depois.

7) Relevância de conteúdo

Esta é uma das partes mais importantes de uma boa participação no universo digital. É fundamental que o usuário avalie o conteúdo daquilo que pretende postar. A pergunta a ser feita é a seguinte: **"Isso é relevante para quem?"**. Respondê-la o ajudará a definir se vale a pena fazer o *post* e se ele vai atingir seus amigos e seguidores colaborando com o engajamento de novas pessoas em sua rede.

A série de *posts* a seguir, como você verá, não prejudica ninguém, claro, mas também não agrega absolutamente nada.

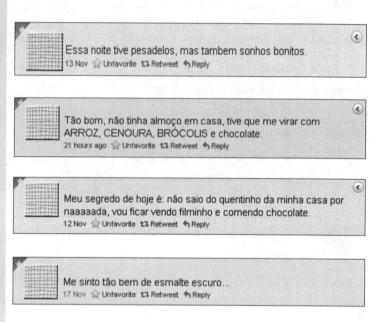

Sendo assim, cabe avaliar se é conveniente postar mesmo quando não se tem nada a dizer, ou se o usuário deve fazê-lo apenas quando tiver realmente algo bacana para compartilhar com seus seguidores. Postar por postar não costuma dar bons resultados; as pessoas querem realizar trocas que as enriqueçam. #Thinkabout

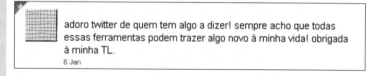

Todo usuário, uma vez ou outra, acaba postando algo sem conteúdo relevante, e isso é encarado com naturalidade; afinal, queremos mídias mais humanizadas, mais leves, mais engraçadas. Porém, considerando um usuário acostumado a postar apenas "abobrinhas", ou, como se diria na vida *off-line*, acostumado a jogar conversa fora o tempo todo, fica a pergunta: como ele conseguirá manter seguidores com esse tipo de mensagem? É nisso que gostaríamos que você pensasse, porque seguir uma pessoa totalmente sem conteúdo acaba cansando, e é um bom motivo para *unfollows*.

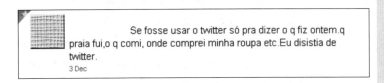

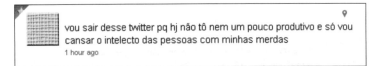

Geolocalizadores

As mídias sociais geolocalizadoras, como o Foursquare e Qype, por exemplo, oferecem um perigo a mais para os iniciantes.

Ao utilizá-las, as pessoas deveriam procurar adotar critérios para garantir sua segurança pessoal, pois nelas o usuário fornece sua localização pormenorizada o tempo todo, permitindo que sua rotina seja desvendada sem nenhuma dificuldade, o que não é uma atitude recomendável.

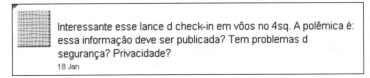

Sugerimos, portanto, que as pessoas controlem um pouco mais seus impulsos ao postarem sua localização para não colocar em risco sua própria segurança.

Nesse tipo de mídia, o usuário pode postar informações relevantes a respeito de localidades que conhece, e isso pode ser interessante; sua opinião a respeito dos lugares em que esteve ou está pode ajudar outras pessoas em diversas situações. No entanto, ficar dando *check-in* pontualmente, sem nenhuma outra intenção, pode fazer um grande estrago em sua vida privada. Malfeitores de plantão poderão facilmente acompanhar sua rotina por alguns dias e, mais facilmente ainda, surpreendê-lo em um dos locais que você informa. Então, antes de dar a sua localização, pergunte-se: a quem interessa saber onde eu estou? E mais: qual a finalidade de informar minha localização a todos o tempo todo?

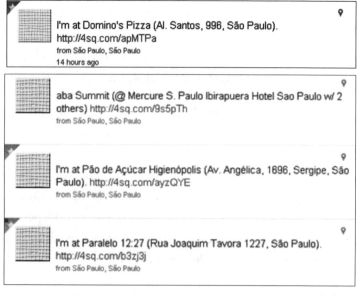

As grandes gafes 111

Procure usar a mídia social de forma útil para você e para os outros.

8) Fotos não autorizadas e/ou constrangedoras

Com o advento do Facebook, o YouTube tornou-se um forte aliado na diversificação do conteúdo disseminado por seus usuários, principalmente no que se refere aos vídeos produzidos por eles próprios.

Os aparelhos celulares entram como os grandes protagonistas dessa prática beneficiada pelas funcionalidades de registro de imagens.

Em nosso dia a dia, é quase irresistível não acionar essas microcâmeras ao presenciarmos algo que nos surpreenda, seja no trabalho, em casa, na fila do banco, no ônibus ou ao cruzar uma esquina. Esse comportamento, aliás, vem revelando diversos talentos do segmento audiovisual, assim como vários vídeos produzidos de forma despretensiosa acabam se tornando *hits* na internet, tecnicamente denominados **virais**.

Mas a empolgação impulsionada pelo poder de uma **câmera na mão**, mesmo inspirando **grandes ideias**, vem fazendo muita gente cometer graves deslizes, expondo a própria imagem sem a noção do alcance desse conteúdo.

JAMES CIMINO
DE SÃO PAULO

O vendedor Pedro Henrique Santos, 19, está pagando, a prestação, o preço de uma tuitada inconsequente.

Morador de Ipameri, cidadezinha do interior de Goiás, ele não viu nenhum problema em postar no seu perfil do microblog uma foto de uma garota em trajes sumários.

Processado por danos morais, teve de pagar à vítima -maior de idade- R$ 3.000.

Como não tinha todo o dinheiro, vai desembolsar por mês R$ 150, em 20 vezes.

Fonte: Folha de S. Paulo - 30/Jan./2011

Katy Perry está "furiosa" com marido por divulgar foto dela sem maquiagem
DE SÃO PAULO

A cantora norte-americana Katy Perry, 26, ficou "furiosa" com o marido, o comediante britânico Russell Brand, 35.

Russell Brand posta foto de Katy Perry sem maquiagem

O motivo foi a recente postagem que ele fez de uma foto dela sem maquiagem no Twitter.

A imagem foi apagada por Brand em seguida, mas foi registrada pelo jornal "The Sun".

Fonte UOL. Acessado em 31/Dez./2010.

É preciso lembrar que nem tudo pode ser fotografado e/ou filmado, e, principalmente, que nem todos querem sê-lo. Qualquer divulgação de imagem, a rigor, precisaria ser autorizada formalmente por meio da assinatura de uma declaração de cessão de direito de imagem. Obviamente, é impossível fazer isso, e tal prática até extrapola os conceitos que envolvem a internet. Então, temos de encontrar um meio-termo que nos permita interagir com nosso conteúdo com criatividade, sem, no entanto, prejudicar outras pessoas.

> **■ fotos nuas divulgadas no facebook levam professora ao suicídio**
>
> 25/02/2010
>
> após ter suas fotos nuas colocadas no facebook por um ex-namorado, a professora britânica emma jones foi encontrada morta no apartamento onde vivia, nos emirados árabes.
>
> o inquérito revela que sua vida foi afetada por causa da divulgação das fotos, tanto onde trabalhava nos emirados árabes, como em sua vida pessoal, pois emma acreditava que seria presa se voltasse ao reino unido.
>
> ela tomou líquidos corrosivos que foram fatais. o ex-namorado negou ter postado as fotos.

Disponível em: http://www.huffingtonpost.com/2010/02/26/emma-jones-british-teache_n_477337.html.

Publicar no Youtube, por exemplo, a filmagem de uma aula ou palestra pode causar um um bom aborrecimento ao autor do *post*, caso o professor ou o palestrante resolva exigir seus direitos. E ele pode fazê-lo, pois é legalmente amparado contra esse tipo de divulgação sem autorização prévia e expressa.

Dependendo do evento que se pretenda registrar, é conveniente e educado perguntar antes se isso é permitido. E havendo alguma pessoa em destaque nas imagens registradas e que se pretenda publicar, não custa nada perguntar: "Posso colocar sua foto na minha página?".

Mais do que cuidados de gente educada e que respeita a privacidade alheia, estas são atitudes de quem sabe utilizar as mídias sociais. No entanto, há casos em que as premissas da boa educação não foram respeitadas e causaram desconforto desnecessário a alguém, ou foram de tamanho mau gosto, que não deveriam ser compartilhadas. Mais uma vez frisamos que é a **sua** imagem que está sendo exposta na rede, e é seu dever fazer que ela fale bem de você, e não o contrário.

A seguir, alguns exemplos postados no Orkut:

Brincadeira é boa quando todos gostam; mas será que a pessoa ao fundo se sentiu confortável com tal exposição?

Também neste caso, a pessoa ao fundo teve sua privacidade invadida; a possibilidade de ser reconhecida nesse *post* já é motivo suficiente para grande constrangimento.

As grandes gafes   115

Que dizer de fotos como estas? Elas depõem contra o usuário que as postou.

E finalizando o item sobre fotos não autorizadas e/ou constrangedoras, fica a recomendação muito bem-feita pelo *post* a seguir:

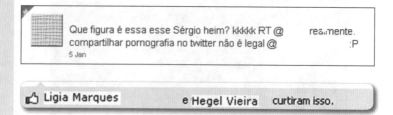

9) Criar ou participar de comunidades ofensivas

A criação de comunidades com nomes que possam ser ofensivos a alguém ou a alguma instituição pode caracterizar crime.

Comunidades do tipo "Odeio Fulano", por exemplo, podem configurar *bullying* e acarretar problemas tanto ao seu criador quanto aos participantes – *bullying* é um grande problema social a ser combatido, e é neste sentido que as mídias sociais têm de ser utilizadas: para combatê-lo, jamais para instigá-lo (trataremos disto no próximo item). Do mesmo modo, os responsáveis por comunidades ou *posts* que ensinem pessoas a se matar ou a cometer outros atos lesivos à sua integridade física também estarão à mercê do Código Penal, no caso de alguém se sentir ofendido e se queixar na Justiça.

O *post* a seguir dá notícia de que o Google sofreu uma ação judicial e foi condenado a pagar indenização:

RT @comuniquese: Google terá que indenizar mulher chamada de feia em comunidade do Orkut - http://bit.ly/evrAlN
3 minutes ago

Posts ou participação em comunidades que mostrem que o usuário não é muito adepto do trabalho, que odeia seu chefe ou que detesta levantar cedo, entre outras, são atitudes extremamente inconsequentes, uma vez que podem ser acessadas pela empresa na qual ele pretende trabalhar, colocando em risco sua contratação. É verdadeiro o fato de que uma empresa recusou o candidato após ver que ele participava da comunidade "Odeio acordar cedo" no Orkut. Pode parecer exagero, mas na avaliação da empresa isso poderia significar que ele estaria propenso a chegar sempre atrasado, e seus dirigentes preferiram não arriscar.

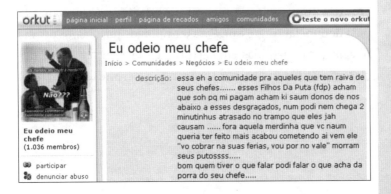

10) *Bullying*

Bullying é um termo inglês (*bully* quer dizer "valentão"), que se refere a atitudes praticadas com o intuito de isolar uma pessoa do convívio de outras pela violência verbal ou física. É uma forma de humilhação pública, em que a vítima se vê sem condições de reagir, e submetida cada vez mais à intimidação.

A internet, lamentavelmente, tem sido usada para a prática do *bullying* – o *cyberbullying* –, principalmente entre adolescentes. Frases, palavras e imagens maldosas postadas nas mídias sociais têm gerado enormes problemas psicológicos às vítimas, e o anonimato permitido pela rede contribui para que os abusos fiquem impunes e tomem proporções nunca vistas em termos de intimidação e humilhação pública.

Qualquer postagem com conteúdo que caracterize *cyberbullying*, mesmo que permaneça pouco tempo na rede, pode ser disseminada por outras pessoas, mantendo-se a violência inalterada.

Mais do que uma gafe, esta prática constitui crime, devendo ser denunciada e combatida.

Ao perceber que está sendo vítima de *cyberbullying*, a pessoa deve reunir todas as provas desses ataques, como mensagens de *e-mail* e *posts* nas mídias sociais, salvá-las em arquivo, imprimi-las e procurar uma delegacia especializada para denunciar o agressor. Para ter validade jurídica, as provas devem ser registradas em cartório, e deve ser feita uma declaração de fé pública, para provar que o crime foi cometido.

Professor vítima de bullying preferiu morrer a voltar ao 9º B Na véspera das aulas com aquela turma.

  (10 votos)

Escrito por Administrator
12-Mar-2010

 Não queria voltar a ouvir que era um "careca", um "gordo" ou um "cão".

Na véspera das aulas com aquela turma, Luís ficava nervoso. Isolava-se no quarto e desejava que o amanhã não chegasse. Não queria voltar a ouvir que era um "careca", um "gordo" ou um "cão". Não queria que o burburinho constante do 9.º B e as atitudes provocatórias de alguns alunos continuassem a fazê-lo sentir aquela angústia. O peso no peito. O sufocante nó na garganta. Luís não era um aluno. Tinha 51 anos e era professor de Música na Escola Básica 2.3 de Fitares, em Rio de Mouro, Sintra. Era. Na semana antes do Carnaval, decidiu que não voltaria a ser enxovalhado. Pegou no carro e parou na Ponte 25 de Abril. Na manhã do dia 9 de Fevereiro, atirou-se ao rio.

Disponível em: www.saladosprofessores.com. Acessado em 12/Mar./2010.

11) Piadas

Espontaneidade, brincadeira e humor fazem parte das redes sociais, e é bom que seja assim; ninguém está tentando dizer o contrário. Contudo, o usuário deve conter seus impulsos de postar qualquer coisa que lhe venha à mente, assim como se abster de fazer comentários maldosos a pretexto de não perder uma boa piada. Fazer isso uma vez ou outra, a população do mundo virtual perdoa; mas partir para extremos de futilidade o tempo todo, não há quem aguente. Exatamente como na vida *off-line*: quem sabe contar piada diverte todos, mas quem exagera nisso ou as conta em ambientes inadequados se torna inconveniente.

Posts com conteúdo engraçado ou duplo sentido, como os exemplificados a seguir, fazem sucesso e são retuitados. #NoProblem

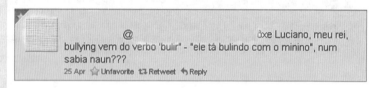

No exemplo seguinte, porém, também de um *post* com duplo sentido, o principal problema é ter sido postado por um advogado... A ideia pode até ser engraçada, mas não condiz com a imagem de seriedade que um advogado deveria passar. O que uma cliente dele iria pensar ao ler isso? Que confiança ela teria de que não seria molestada por "piadinhas" desse profissional? Pense nisso, e lembre-se: seu perfil pode ser visto por qualquer pessoa.

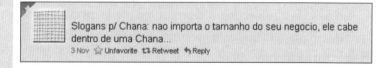

12) Criação de perfis falsos

Mais do que uma gafe, a criação de perfis com informações falsas prejudica não apenas seus criadores, mas, muitas vezes, também outras pessoas.

As diversas mídias sociais existem para ser usadas como uma forma nova, boa e eficiente de nos relacionarmos com pessoas que possam ser interessantes, e é isso o que as pessoas devem fazer.

Criar um perfil falso acaba conduzindo a mídia social a um descrédito progressivo e à migração de seus usuários para outras ainda não contaminadas por este tipo de comportamento. Aconteceu com o Orkut, e temos visto este mesmo comportamento lamentável acontecer também em redes até então consideradas "mais sérias".

Devido ao crescimento de casos desta natureza, o Linkedin iniciou uma discussão, e a manifestação de repúdio foi total. Assim, por mais que se sinta tentado a fazer um falso perfil, desista da ideia, pois só irá trazer prejuízos pessoais, a terceiros e à própria rede.

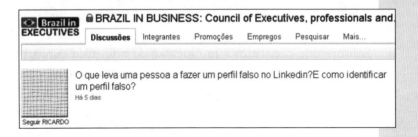

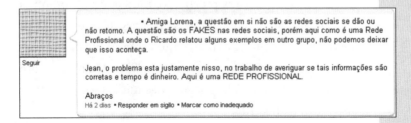

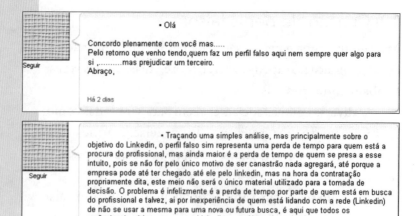

Outras questões de etiqueta nas mídias sociais

Cumprimentos

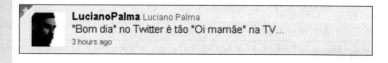

Sempre que chegamos a um local, é de bom-tom cumprimentar todos que lá estão. Nas mídias sociais, porém, isso é desnecessário. No Twitter, por exemplo, não faz sentido dizer "Bom-dia" ao iniciarmos nossas postagens diariamente.

Lembre-se: você não é a única pessoa que está sendo seguida. Seus seguidores receberão, muitas vezes, infinitos e sequenciais "Bons-dias" em suas *timelines* até que consigam ler algo que realmente lhes possa interessar. Assim, inicie suas postagens sem se preocupar com este detalhe, tão importante em outros contextos. A linguagem das mídias sociais, como já dissemos, é diferente.

As grandes gafes   123

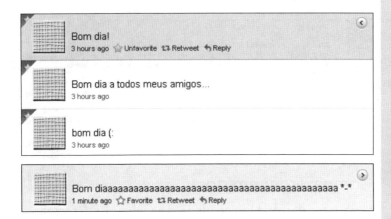

Formas de fazer ou perder amigos

A questão de como se tornar famoso nas redes preocupa muita gente, e na ânsia de se destacar nesse universo cibernético rapidamente, muitas pessoas acabam tomando rumos errados. Então, lembre-se: é a qualidade e o tipo de conteúdo que um usuário posta nas mídias sociais que vão determinar, entre outras coisas, a qualidade e a quantidade de seus seguidores.

Auto-promoção nas redes sociais (ser conhecido na rede): Qual a opção a seguir?
( ) Ser sempre o inteligente: Demonstrar seus diversos conhecimentos, sobre diversas áreas, nas redes sociais.
( ) Ser antenado na massa: Seguir a moda, e falar sempre sobre o que os outros estão falando.
( ) Seja o "exposto": Seja o opinador ou o engraçado. Faça piadas consigo mesmo, opine sobre os acontecimentos de forma própria. Utilize de muito deboche com tudo (sem ofender ninguém).

Seguir Thiago

Thiago Seja você e use as redes sociais com o máximo de inteligência e educação. Lembre-se que apesar delas permitirem uma aproximação e exposição de ideais semelhante a de uma conversa na sala de casa, essa característica também pode se virar contra você, já que uma mancada digital tem 1 milhão de vezes mais exposição que um comentário indiscreto em uma mesa de bar.

E quando possível compartilhe conteúdo. As pessoas gostam de receber e enviar. Pode não ser o melhor e mais original, mas as pessoas muitas vezes são abertas e querem ajudar a complementar o que você mostrar a elas.
Há 1 dia

Reinaldo • Pessoal,

A chave do sucesso nas redes sociais, principalmente Twitter é seja você, seja gerador de conteúdo relevante, interagir com as pessoas é essencial, tenha um blog...o sucesso é lento, mas quando espalha vem com tudo, você vira um formador de opinião.

Hoje tenho 2200 seguidores no perfil do meu blog, e 450 no meu perfil pessoal. Isso comprova que as pessoas, tem interesse em saber também, sobre quem está por trás de um blog, se dá aulas, e por ai vai...

Lembrem-se, que de acordo com uma pesquisa americana, 96% das pessoas que usam redes sociais apenas leêm as mensagens, 3% replica o conteúdo e 1 % gera conteúdo...

Um abraço.

Como perder amigos

Uma pesquisa da Universidade do Colorado detectou os principais motivos que levam à perda de seguidores nas mídias sociais:

- **ATUALIZAÇÕES EM EXCESSO** sobre assuntos de pouco interesse é motivo mais do que suficiente para levar um usuário a ser deletado por um contato da mídia social. Assim, considere esse risco e procure não exagerar na quantidade de postagens.
- **ASSUNTOS POLÊMICOS** que, de acordo com a velha convenção social *off-line*, devem ser evitados, também levam à perda de seguidores, principalmente se forem sobre política ou religião.
- **BUSCA DE ADESÃO**, seja para seu partido político, seja para criticar determinada crença religiosa, por exemplo, é um passaporte carimbado para o esquecimento e para inúmeros *unfollows*. Neste caso, ainda temos de nos certificar se não se trata de conteúdo preconceituoso.

Me dá uma raiva quando mandam pra mim mensagens religiosas no Orkut. Vontade de mandar para o Jordão caçar pulga na cabeça de João Batista
11 hours ago

As grandes gafes 125

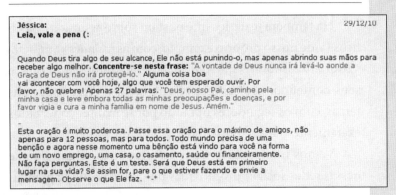

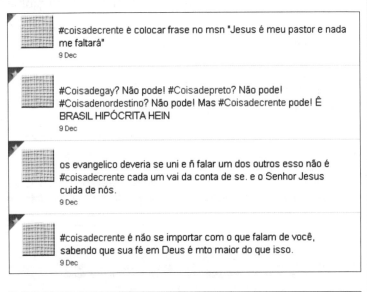

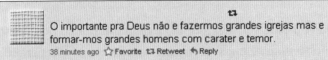

Conquistando seguidores

Obviamente, há pessoas que postam sobre os temas polêmicos referidos antes, ou até mais delicados, com a finalidade evidente de discuti-los; mas, nestes casos, os que os seguem estão de fato interessados em acompanhar e participar dessas polêmicas.

Há também usuários que postam sobre assuntos específicos (vide nosso próprio exemplo, com as *rashtags* #Etiqueta, #EtiquetaCorporativa, #SemNoção e #Etiqueta3ponto0), e seus conteúdos são sempre relacionados a dicas sobre tais temas, com os seguidores optando por se manter conectados exatamente para acompanhá-los. #noproblem

Vemos muitas discussões interessantes originando-se nessas redes sociais, promovidas por pessoas que se preocupam mais com o nível daquilo que postam do que em ganhar ou perder seguidores. Estão mais interessadas na **qualidade** de seus seguidores do que na quantidade deles.

onlinefulltime Ana Paula Paiva ✓
Não estou no TT c/o propósito de seguir artistas e afins. A minha seletividade vai além das futilidades q são oferecidas por eles.
20 Dec

augustodefranco Augusto de Franco
Não tenho porque querer agradar todo mundo. Não so nada. Nem estou aqui catando clientes ou disputando beleza!

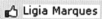

👍 Ligia Marques e Hegel Vieira curtiram isso.

Pedir para ser seguido não é nem um pouco bem-visto na vida *on-line*; é mais ou menos como se convidar para ir a uma festa na vida *off-line*. Feio, você não acha?

Quem me segue da #Retweet Vou seguir alguns de volta !
14 hours ago

GaleraYes Galera YES ⇄ by mamay45
Estamos seguindo todos de volta! É uma chance de vocês serem #Seguidos e #Indicados por nós ! BASTA DAR #RT E ESTAR SEGUINDO @GALERAYES - UP

As grandes gafes 127

VEJA VEJA
Corrida por seguidores no Twitter inclui robôs e má-fé:
http://migre.me/3PdL2
14 hours ago ☆ Unfavorite ⇄ Retweet ↩ Reply

@
saindo agora, me sigam no @lucasjuusten sigo de volta :PP
8 minutes ago

⇄
Quem quer ser seguido da RT! vou seguir todos, só que tem me seguir também. (:
29 Jan

- O ideal é que seus *posts* sejam interessantes o suficiente para que as pessoas o sigam e sugiram aos outros que façam o mesmo. Da mesma forma, você não deve se sentir na obrigação de aceitar pedidos de pessoas que querem ser adicionadas em suas mídias sociais, a menos que as considere interessantes aos seus propósitos. Adicione quem você conhece ou ache que vale a pena.
- Não implore seguidores com mensagens do tipo:
    - "Legal seu site, visite o meu..."
    - "Estou te seguindo; me siga, por favor..."
    - "Comentei aqui, comente no meu..."
    - "Vote em mim..."
    - "Divulguei o seu, divulgue o meu...".

RT @   Follower não se pede, follower se conquista ♪♫
12 minutes ago

- Não se sinta obrigado a seguir quem o estiver seguindo! Ao contrário do que muitos diziam no início, esta prática não deve ser vista como uma regra de etiqueta nas mídias. #fail . Você deve seguir aqueles que postam um conteúdo **relevante** para você; seguir por seguir ou só por gratidão não faz nenhum sentido.

- No Twitter, há duas formas de excluir alguém. O *unfollow* é mais suave, para ser usado em ocasiões em que você perca o interesse em ver o que determinada pessoa posta, não significando necessariamente uma desavença entre as partes. Já o *block* deixa subentendido que você não quer mais aquela pessoa como contato. Assim, avalie qual é o caso antes de tomar uma dessas atitudes. Seja qual for sua opção, não a comunique a seus seguidores, pois isso não acrescentará nada ao seu perfil. Apenas faça, e esqueça o assunto.

Obrigado por me seguir

Em relação às gentilezas, comentamos uma questão recorrente: devemos agradecer a quem nos estiver seguindo?

Apesar de muitos *experts* em mídias sociais dizerem que isto não é necessário, partimos da premissa de que uma palavra de agradecimento não faz mal a ninguém. Assim, sugerimos que, *de vez em quando*, você agradeça seus seguidores, em conjunto. Algo como o mostrado no exemplo a seguir é suficiente:

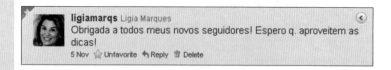

Recomendações

Sugerir a amigos que sigam outra pessoa é uma gentileza a ser considerada, e deve ser praticada de vez em quando. Para isso existe o #FF (*Follow Friday*) onde, às sextas-feiras, pessoas recomendam outras no Twitter. Ao recomendar, porém, lembre-se de apresentar os motivos de sua recomendação.

ligiamarqs Ligia Marques
#FF para acompanhar as estradas nessa época de férias e chuvas: @_ecovias
14 Jan

ligiamarqs Ligia Marques
#FF @reginanavarro para quem gosta de ler posts inteligentes.Foco:psicanálise.
39 seconds ago

Letras maiúsculas

O uso de letras maiúsculas deve ser bem restrito, pois significa que estamos gritando com a pessoa que nos lê. Evite, a menos que seja esta a intenção.

@
QUASE CUSPI O SUCO NA TELA DO PC DE TANTO RIR ..
SIGAM O @   ,MELHOR TWITTER DE HUMOR ,
GARANTO NAO VÃO SE ARREPENDER!

Esquecer velhos amigos

Na atual dinâmica da socialização digital, percebemos um fenômeno de migração dos usuários do Orkut para o Facebook, uma ferramenta que apresenta recursos mais avançados, com funcionalidades que permitem uma experiência diferenciada de disseminação de informações.

No Facebook, além de os seguidores avaliarem suas postagens com um simples *click* no ícone **gostei**, podem também comentá-los, ampliando o alcance do seu conteúdo e do seu perfil, já que todos os comentários gerados por eles são sinalizados, em tempo real, para sua rede de contatos. Esta função demonstra o poder dessa mídia em posicioná-los de forma rápida no **universo digital**, o que a fez captar muitos usuários do Orkut.

Apesar dessa migração, porém, não podemos deixar de lembrar que fizemos amigos na rede anterior; estabelecemos uma relação de interesse mútuo que não deve ser deixada sem qualquer satisfação, sob pena de isso ser interpretado como abandono e falta de educação cibernética.

Para lhe mostrar que este tipo de indiferença é bastante comum, mobilizamos alguns de nossos seguidores no Facebook e lhes perguntamos como andava seu perfil no Orkut depois que aderiram ao Facebook, e as respostas obtidas mostram que, na maioria das vezes, houve sim o abandono total de uma rede pela outra. Confira:

Mirian Mahana Na verdade eu ainda tenho orkut, mas percebi que no facebook encontrei mais amigos meus do que dos meus filhos.
10 de janeiro às 12:16 · Curtir

Julio Marcondes Comunicação integrada, ou quase totalmente integrada.
10 de janeiro às 21:00 · Curtir

Matando a saudade do orkut, e me arrependi.
58 minutes ago ☆ Unfavorite ↰ Reply

Por onde anda o Orkut? por @tiago_nogueira no @webdialogos
http://me.lt/8l8ru
18 Jan ☆ Unfavorite ⇄ Retweet ↰ Reply

Hegel's Profile · Hegel's Wall

Hegel Vieira Aguiar
Conto com a colaboração de todos para responderem as seguintes pergunta

Após a adesão ao FACEBOOK, quem continua acessando o orkut?
Caso mantenha o acesso, qual a frequência?
Mantém a atualização de conteúdo ou interage com os seus seguidores?
...
See More
Saturday at 10:46pm · Unlike · Comment

👍 You like this.

André Dornelles Abandonei o orkut há um ano! FB passou a ser diário. Procuro trazer sempre bons conteúdos para dividir.
Saturday at 11:02pm · Unlike · 👍 1 person

Renata Paes Abandonei meu orkut Hegel! Entro uma vez por mes quando me lembro!
Saturday at 11:15pm · Like

Daniel Regis entro todo dia porem nao dou a mesma atenção. resumindo o FB eh principal orkut secundario
Saturday at 11:20pm · Like

As grandes gafes 131

Se esta também for a sua realidade, que tal avisar seus amigos de uma rede que você está mais presente em outra, e convidá-los a se encontrar com você por lá? Experimente fazer isso. Você constatará que o resultado de uma gentileza é sempre positivo e imediato:

132 Etiqueta 3.0: você on-line & off-line

Lígia: 18:05 (0 minutos atrás)
Amigos,
O tempo é curto e atualmente estou mais atuante no Facebook e Twitter.
Convido todos vocês a me encontrarem por lá!
bjs

Lili D. - 12:35 - Amigos   opções ▼
Para:
Lí vc é chiquérrima mesmo .... ví vc domingo, xeretei as suas fotos hj e lí a sua delicadeza sobre a falta de tempo p/amigos do orkut sugerindo q. entre no FB. Amei!!!!!! Vc. é DEZ!!
AMEI AS FOTOS

Concluímos, por fim, o capítulo a respeito das grandes gafes nas mídias sociais. À medida que novas mídias forem criadas, muito provável e concomitantemente outras situações surgirão, e caberá a cada um de nós valer-se de seu bom-senso, aliado aos exemplos e conselhos aqui apresentados, para saber como se comportar.

Vale lembrar que nossas mídias também estarão abertas para a discussão do que vier pela frente.

Capítulo 7

Você sonhou hoje?

GIL GIARDELLI
Especialista em mídias digitais. Cofundador da Gaia Creative. Justmail do Board da Amanaie e Startupi. Coordena os Cursos de Ações Inovadoras em Comunicação Digital e Startups, economia criativa e empreendedorismo na era digital da ESPM.

Vivemos a era da **colisão** ou da **convergência**?

Nosso mantra é: "Você é o que você compartilha".

"Um dia, revoluções morais e filosóficas vão eclodir em todos os pontos do mundo e marcarão uma nova era da humanidade" – atribuído a Sócrates.

Será que o filósofo grego profetizou estes tempos em que vivemos?

Assim, de forma simples, surgiu o renascimento da inovação digital. A revolução foi silenciosa. Forças seculares acreditavam que a Web era apenas uma brincadeira de jovens petulantes!

Olhe em volta. Em tempo real, assistimos à Revolução dos Geeks no sul da África, derrubando ditaduras num efeito dominó. "Eles podem desligar nossos computadores e celulares, mas não desligarão nossas mentes", disse o manifestante egípcio Tamer Nabi, em dias calmos um professor primário e Geek.

Wael Ghonim, executivo do Google, faz discurso na Praça Tahrir e inflama manifestantes; número de pessoas no local aumentou depois do pronunciamento. Cairo, 8 de fevereiro. DYLAN MARTINEZ/Reuters

INFORMAÇÃO SEM MORDAÇAS
Internet como estímulo à cidadania
Em encontro na Campus Party, o Nobel da Paz Al Gore e o pai da internet, Tim Berners-Lee, enfatizaram o poder da web para estimular a cidadania e "ressuscitar" a democracia, sobretudo se os governos forem pressionados a colocar, de forma transparente e gratuita, dados públicos na web

Débora Spitzcovsky - Edição: Mônica Nunes
Planeta Sustentável - 20/01/2011

Ainda no Egito: "Policiais passaram o dia em uma violenta batalha contra os manifestantes, lançando bombas de gás e distribuindo pancadas com cassetetes. Esgotados, no início da noite, eles recuaram e cruzaram os braços. Alguns começaram a apertar timidamente as mãos dos manifestantes, a maioria estudantes que ofereceram água aos policiais" (Jornal *O Estado de S.Paulo*). Nem o melhor cineasta pensaria em cena tão sublime. Concorda?

Sim, vivemos o início da era da **generosidade** e da **economia coletiva**. Os céticos duvidam de que entramos na **era da generosidade global**.

Até o século XX, os trabalhadores só se sentiam estimulados pelos ganhos financeiros. Já no XXI, as pessoas fazem coisas para se sentir **inseridas** no mundo, para ganhar sua satisfação, alimentadas por recompensas externas, pela intrínseca motivação, pela alegria de fazer algo em **benefício do outro**.

Em seu livro *Cognitivo Excedente*, Clay Shirky afirma que as pessoas estão trocando seu tempo livre, no qual assistiam à TV estateladas no sofá, pela conexão às redes sociais!

Clay questiona por que as pessoas gastam seu tempo editando a Wikipédia. Todos os artigos, edições e discussões representam cerca de 100 milhões de horas de trabalho humano. O que, afinal, motiva essas pessoas?

Pesquisas recentes provam que a internet não revolucionou apenas nossa forma de viver e de nos relacionarmos, mas também nosso **cérebro**.

Quando você está na *Web* e tem o sentimento de fazer a coisa certa, de fazer coisas interessantes ou de engajar-se a uma causa, contribuindo para algo de bom no mundo, isso afeta seu cérebro e uma parte de seu córtex. Conclusão: você fica feliz como se praticasse esporte ou fizesse amor.

Percebeu por que esses danados ficam tanto tempo conectados e compartilhando?

A sociedade conectada, desligada da TV e produtora de conteúdo significa um **trilhão** de horas por ano de desenvolvimento do **software da sabedoria** das multidões. Um novo recurso! Hoje, no mundo, seu **tempo é** um bem social coletivo.

A ideia é trocar seu tempo diante da TV por postar em *blogs*, *wikis* e Twitter ensinando o outro, aprendendo com o outro.

Sai a televisão, uma atividade solitária, e entram as conexões sociais – contribuir, compartilhar –, permitindo que o cidadão, em vez de deixar seu tempo livre escoar na frente da televisão, produza vídeos divertidos ou se engaje em *Web* cidadania. Enfim, vale tudo!

Ao contrário do que pode parecer, a mídia social não é sobre você. Ninguém que lê o seu mural nem os *Tweets* realmente tem o objetivo de descobrir o que você sente. Mídia social é sobre como fazer ligações, ajudando os outros com informações úteis, compartilhando ideias e construindo oportunidades de negócios. A mídia social trata de doação, oferecendo um grande conteúdo, informações e dicas que as pessoas podem usar para viver melhor e ter uma vida saudável. É o compartilhamento de artigos e informações de outras fontes que você sabe que ajudarão seus leitores. Quanto mais você dá, mais pessoas o seguirão.

No último Natal, em Londres, centenas de jovens se organizaram nas redes sociais e foram para as ruas fechar as lojas Topshop e Vodafone em 21 cidades. Eram empresas acusadas de sonegarem impostos.

No Brasil, vimos uma conta no YouTube e outra no Twitter comprometerem a marca de geladeiras que se achava a tal, fazendo-a tornar-se piada global nos TT's mundiais.

Bill Gates e Warren Buffet promoveram um jantar global para bilionários para explicar a cultura da filantropia. Centenas ajudaram!

Nos Estados Unidos, pessoas perderam o emprego e perceberam que "nós temos tempo para ajudar".

Quer ajudar alguém, mas não tem tempo? Use a internet
Tornar-se voluntário e fazer a diferença é possível apenas com alguns cliques
11/12/2010 - 17h08 - Atualizado em 11/12/2010 - 17h08
A Gazeta

Por outro lado, apesar de ser o berço das grandes ferramentas de conexão social, a política norte-americana não entendeu ainda esta nova era. Descer o sarrafo no Wikileaks é como dizer, parodiando um ditado popular, "democracia no país dos outros é refresco".

Qual foi **seu ato** para um mundo melhor? Conte no **Arca de gentileza**.

Disponível em: http://www.arcadegentileza.com.br.

O "Doe Palavras" aconchega quem está internado tratando-se de um câncer:

Disponível em: http://www.doepalavras.com.br.

Quer mais exemplos de doação por uma sociedade melhor? Pois temos:

- cidadania, no *Teatro da Liberdade* no Oriente Médio, *Arte na Faixa* no Brasil, valores sociais da Era Agrícola, no coletivo do *Terra dividida*, e em *Nós o caminho*;

- o Iluminismo das incubadoras sociais *Artemisia,* e a criatividade coletiva do *Kickstarter*;

- o consciente coletivo nas ideias que merecem ser espalhadas em *TEDXSudeste, TEDXPortoAlegre, TEDXAmazonia*;

- a ajuda a 1 bilhão de seres humanos que passam fome usando o *Huddle To Fight Hunger*, e engajamento global em *Endorse for a Cause*;

- a possibilidade de criar seu projeto e mostrá-lo ao mundo em *Crowdrise*.

E você? Já sorriu hoje?

No país em que a crise teima em não passar, temos *Sorria por Londres*! – todos os dias, na hora do *rush*, no metrô mais perto de você.

E temos ainda:

- os fundadores do Pirate Bay e seu novo projeto *flattr*, que convoca todos a trabalhar pelas mudanças radicais;

- você e as celebridades hollywoodianas unidos no *TwitChange*, e o *Rainmaker*, para você doar com um simples *Tweet*;

- Cem anos de cálculos sobre o câncer usando memória computacional coletiva no *World community Grid. E-democracia*, e a sociedade brasileira no Congresso *Um milhão de mentes*, construindo o futuro da humanidade!

Ufa!

"Contra fatos, nunca haverá argumentos", digo parafraseando aquele secular jornal, *Folha de S.Paulo*, que inteligentemente a proferiu primeiro.

Demoramos a entender que a revolução de fato não é tecnológica, e que a maior mudança da humanidade na era digital está nos **valores morais e sociais**.

Até o século passado, o mundo foi orientado ao hiperconsumo e à passividade. No século XXI, reinventamos o cocriar e o **compartilhar**.

Algo que ficou latente nos últimos séculos industrializados, e somente este novo comportamento da humanidade poderá fazer nascer comunidades de *software* livre, vizinhos *on-line*, protetores de animais, produtores de documentários...

Observe o *software* da sabedoria das multidões, o *open source* e a inovação coletiva que está mudando nosso mundo. É o **poder das pessoas** nas mídias sociais que chega para mudar, e agora, o que está aí!

Sonhadores, utópicos, anarquistas digitais, "marxistas do século XXI", techno-otimistas, Greentechs... Uni-vos!

Você, você e você... Todos estão convocados para a legião do bem.

Pessoas que acreditam que nosso futuro pode ser baseado em igualdade, fraternidade e liberdade.

E você, que perdeu a esperança na humanidade, também está convocado.

Somos ou não somos "tech-anarquistas, graças a Deus"?

Nestes anos, em vez de atirarmos pedras, como na revolução estudantil de 1968, vamos usar nossos mouses e deletar as velhas formas de lidar com um mundo que naufragou.

Em tempos exponenciais de mudanças e revoluções, precisamos do *Homo magnanimous*.

Precisamos de homens que enxergarão o futuro.

Precisamos de sonhadores utópicos, de semeadores do **bem**.

Precisamos de pessoas que acreditam que a evolução da Terra se dará pela **consciência coletiva**.

Precisamos de pessoas que criem redes sociais de justiça, de leis morais, de arquitetura, de tecnologia... e de educação.

savicentini Samanta Vicentini ♺ by krikang
Bora denunciar? Blog brasileiro incita violência contra gatos.
http://ow.ly/3M86C || cc @rosana @alesie @krikang
@adoteumgatinho
40 minutes ago

Precisamos de contadores de histórias, de "gente que tinha pena de ir-se da vida só porque o mundo era bonito. Gente. E este foi o meu avô Jerônimo, pastor e contador de histórias, que, ao pressentir que a morte o vinha buscar, foi despedir-se das árvores do seu quintal, uma por uma, abraçando-se a elas e chorando, porque sabia que não as tornaria a ver" (José Saramago, referindo-se ao seu avô).

Você sonhou hoje? Você sorriu hoje? Sonhe e sorria, minha gente, a revolução começou!

Contamos com você, camarada! Boa viagem. E não se esqueça da bússola digital.

Ah, e revolução não é toda a história, mas é uma grande história.

Não use velhos mapas
para descobrir novas terras.

Glossário das mídias sociais

Para que você possa compreender melhor os termos mais frequentemente utilizados no mundo virtual, e também para que não faça feio em um bate-papo sobre mídias e redes sociais, preparamos um glossário para enriquecer seu repertório:

#fail – Hashtag utilizada no Twitter para indicar uma situação de fracasso, falha ou erro.

#mimimi – Hashtag utilizada no Twitter para significar sentimento de pessoa magoada por bobagem, mimada.

Aplicativos – Programas de computador que desempenham funções específicas, seja com finalidade de entretenimento ou como ferramenta profissional.

Avatar – Imagem inspirada nas características físicas do usuário, utilizada para identificá-lo em seu perfil em uma mídia social; em geral, é a foto do próprio usuário.

142 ETIQUETA 3.0: VOCÊ ON-LINE & OFF-LINE

Beta – No universo da informática, a palavra *beta* é utilizada para indicar o estado de uma ferramenta ou *software*, querendo dizer que ele pode passar por transformações.

Check-in – Ato de registrar a presença em um local por meio do Foursquare.

Ciberespaço – Denominação dada ao universo que abriga todas as informações existentes na internet.

Disseminação – Ato de espalhar ou divulgar um conteúdo na rede de forma intensa.

DM – Sigla que significa *Direct Message* (mensagem direta); trata-se de um recurso disponibilizado pelo Twitter e pelo Facebook para o envio de mensagens privadas a um usuário.

Download – O contrário de *upload*, é o ato de transferir dados de um computador remoto para um computador local.

Engajamento – Ação de aderir ou se identificar com determinado conteúdo, perfil ou causa nas mídias sociais realizada pelo usuário.

Fake – Palavra em inglês que significa "falso".

Feed – Expressão originada do verbo inglês *to feed* (alimentar) que, no mundo cibernético, se refere a um formato de dados usado em formas de comunicação com conteúdo atualizado frequentemente, como sites de notícias ou blogs. O RSS gera um feed.

Flash mob – Ato público organizado pela internet, que reúne pessoas que nunca se viram pessoalmente, ou que nem mesmo mantiveram contato virtualmente, com a intenção de fazer algo imprevisível, quase sempre com o intuito de se divertir. Não se trata, portanto, de um ato público comum, como uma passeata, piquete, etc.

Follow/Unfollow – Função disponibilizada pelo Twitter que permite a um usuário seguir ou não outro usuário.

Gadget – Palavra em inglês que significa "invenção, dispositivo, aparelho, engenhoca".

Geek – Palavra usada para se referir a pessoas viciadas em tecnologia e *gadgets*.

Hashtags – Combinação do símbolo # com qualquer outra palavra que facilita as pesquisas por termos no Twitter, gerando um *link* que agrupa todos os *twits* nos quais a palavra foi mencionada.

HTML – Sigla de Hyper Text Markup Language, que é a linguagem utilizada para produzir páginas na *Web*.

Mashups – Funcionalidades e aplicativos que utilizam diversas tecnologias para oferecer aos usuários experiências mais completas.

Mayor – Palavra em inglês que significa "prefeito"; virtualmente falando, é a posição conquistada por usuários do Foursquare que deu mais *check-in* em um local durante um curto período.

Métricas – Processos para a avaliação de resultados estatísticos de uma ação específica na internet.

Mídia social – Meio que promove o relacionamento entre as pessoas, construindo diversas redes sociais.

Mobile – Aparelhos de comunicação móvel, como telefones celulares, tablets e netbooks.

Mobilização – Capacidade de convencer pessoas, por meio das ferramentas de socialização, a aderirem a uma causa ou movimento.

Networking – Palavra em inglês, significa Rede de Relacionamento.

Off-line – Expressão utilizada para designar o ato de estar desconectado à internet.

On-line – Expressão utilizada para designar o ato de estar conectado a internet.

Perfil – A identidade do usuário em uma mídia social.

Plataforma – Tipo de tecnologia em que se baseia um sistema.

Podcast – Termo originário da junção das palavras Ipod e Broadcast, para representar um formato de publicação de arquivos de áudio na internet.

Posts/Postagem – Ato de disseminar conteúdo por meio de perfis em mídias sociais e *blogs*.

Rede social – Rede de relacionamento construída em uma mídia social.

Replay – Ferramenta que permite responder aos usuários sobre um *post* específico no Twitter.

Retweet – Função disponibilizada no Twitter, por meio da qual um usuário pode disseminar para sua legião de seguidores um *Tweet* postado por outro.

RSS – É um subconjunto de "dialetos" XML que serve para agregar conteúdo ou *"Web syndication"*, podendo ser acessado mediante programas ou *sites* agregadores, como o GoogleReader. É usado principalmente em *sites* de notícias e *blogs*.

Search – Palavra em inglês que significa "pesquisa", é utilizada para denominar a funcionalidade de pesquisa de um *site*.

Seeding – Termo utilizado pelas agências de marketing digital para se referir ao ato de disseminar conteúdo sobre uma marca em mídias sociais.

Seguidores – Pessoas que estão agregadas ao perfil de determinado usuário ou à sua comunidade em uma mídia social; são seus amigos virtuais.

SEO – Sigla de *Search Engine Optimization*; serviço de otimização de um *Website* para que ele seja identificado mais facilmente pelos *sites* de busca, como o Google ou Yahoo!.

Spam – Refere-se a *e-mails* não solicitados, que geralmente são enviados automaticamente para um grande número de pessoas.

Tablet – Dispositivo pessoal em formato de prancheta, que pode ser usado para acessar a internet e também como ferramenta de organização pessoal e para visualização de fotos e vídeos, leitura de livros, jornais e revistas e para entretenimento com jogos 3D.

Tag cloud – Nuvens de palavras-chave, que demonstram a relevância de temas discutidos em determinado ambiente virtual.

Tags – Em linguagem de internet, significa palavra-chave associada a determinado conteúdo.

Timeline – Palavra de origem inglesa que significa linha do tempo, utilizada para denominar o espaço no qual são registradas as discussões geradas pelos usuários e seus seguidores no Twitter e no Facebook.

Trend topic – Lista dos tópicos mais comentados no Twitter em determinado momento.

Troll – Palavra usada para designar pessoa cujo comportamento tende sistematicamente a desestabilizar uma discussão, e a provocar e enfurecer as pessoas nela envolvidas.

Tweet – Postagem por meio do Twitter.

Tweetups – Reunião social, informal, realizada via Twitter.

UCG – Sigla para Conteúdo Gerado pelo Usuário.

Upload – Ato de transferir dados de um computador local para outro computador ou servidor.

Videologs – Tipo de *blog* cujo conteúdo é postado em formato de vídeo.

Viral – Conteúdo com poder de viralização.

Viralização – Poder de reverberar, de espalhar um conteúdo no universo digital.

Wikis – Palavra de origem havaiana que significa muito rápido, utilizada para nomear os *sites* cujo conteúdo é construído em colaboração com outros usuários da rede.

Convidamos você, leitor, para contribuir com sua inteligência e conhecimento em nosso ambiente receptivo, e enriquecer estes e novos conceitos. Seja bem-vindo, e fique à vontade...

Conclusão

Caros leitores, chegamos ao final daquilo que nos propusemos a fazer.

Após militarmos nas várias mídias sociais, cursos e eventos que tratam do tema, e tendo percebido a inexistência de um consenso sobre seu uso e comportamento em vários aspectos, assim como uma grande quantidade de situações inadequadas, sentimos a necessidade de formatar algumas regras para uma boa convivência *on-line*, e foi o que fizemos.

Temos plena consciência de que estas novas ferramentas de comunicação social ainda estão (e provavelmente sempre estarão) em desenvolvimento, e muitas questões novas surgirão; afinal, a revolução está apenas começando... Muitos *bites* ainda vão rolar!

Sabemos que muitos leitores discordarão de nós em alguns aspectos, mas procuramos fazer o melhor **paralelo** entre os dois mundos, respeitando as especificidades de cada um.

Com poucas exceções, o que é valorizado *off-line* também o será *on-line*. Tal certeza vem do fato de que, tanto no mundo real como no virtual, ainda somos **seres humanos**, e como tal valorizamos os aspectos básicos da convivência, ou seja, **respeito, tratamento justo, gentileza, educação...**

Não temos a pretensão de ser donos da verdade, mas, com base na experiência adquirida durante décadas na vida *off-line*, temos certeza de que, com este livro, estamos **contribuindo** para um maior **questionamento** a respeito de como as novas mídias podem ser mais bem utilizadas. Este é um dos nossos atos em favor de um mundo melhor.

Sabemos que sempre que uma sociedade passa por grandes transformações em qualquer esfera, seja na social, na política, na religiosa, na intelectual ou na moral, na medida em que tais esferas podem ser dissociadas umas das outras, surge, concomitantemente, a necessidade de se criar novas maneiras de as pessoas se relacionarem entre si. Foi assim no Renascimento, foi assim nos anos 1960, e assim é também agora.

Quanto mais profundos os choques históricos, tanto mais necessário o surgimento de novas **regras de conduta**.

A sociedade, no entanto é dinâmica, e está em permanente transformação.

Em meados dos anos 1960, uma verdadeira revolução cultural lançou por terra valores, hábitos e tradições, frutos da moral burguesa, e uma nova ordem social foi imposta. As regras de bom comportamento, válidas até então, foram sumariamente descartadas, já que simbolizavam um momento histórico que se pretendia superar.

A partir dessa década pudemos perceber uma constante valorização do individualismo, assim como um relaxamento maior no que se refere às exigências comportamentais.

Hoje, em pleno século XXI, essa tendência parece se tornar um paradoxo, quando, ao lado da brutal decadência dos valores pessoais e morais da sociedade, observamos uma ânsia por melhorar a qualidade dos relacionamentos interpessoais. Neste sentido, as mídias sociais se revelam grandes aliadas na recuperação de valores do bem em prol de uma sociedade nova e mais justa.

A característica colaborativa dessas mídias acaba por agregar pessoas em torno de interesses individuais comuns, que também podem ser de todo o planeta. Cada um faz a sua parte.

A tecnologia de que dispomos tem o dom ambíguo de afastar as pessoas do saudável convívio *off-line*, no qual poderiam praticar as nuances e sutilezas da boa convivência, e de colocar-lhes à disposição novas formas para manter contato e interagir. Cabe, então, a cada um de nós separar o que essa tecnologia tem de benéfico e o que tem de prejudicial em termos de relacionamento humano, lembrando-nos sempre de que nada é 100% bom ou 100% ruim.

Concluímos este livro na esperança de termos contribuído para que o convívio no mundo *on-line* se dê da melhor forma possível, assim como sempre se pretendeu que ocorresse no mundo *off-line*.

Continuaremos observando, colaborando e compartilhando para que o caminho percorrido até aqui não fique estagnado.

Esperamos por todos vocês, leitores, em nossas mídias sociais, nas quais os receberemos com imenso prazer, para debater esses assuntos, assim como para receber suas críticas e sugestões. #valeu!

Nossos endereços

no Twitter:
- @ligiamarqs
- @hegel72

no Facebook:
- http://www.facebook.com/ligiamarquesetiqueta
- http://www.facebook.com/hegelvieira

no Linkedin:
- http://br.linkedin.com/in/ligiamarquesetiqueta
- http://br.linkedin.com/in/hegelvieiraaguiar

Endereço para você acessar o conteúdo on-line deste livro:
- www.etiqueta3ponto0.com.br

E-mail para contato:
- contato@etiqueta3ponto0.com.br

Contato com os autores:

lmarques@editoraevora.com.br

haguiar@editoraevora.com.br

Este livro foi impresso pela Loyola
em papel Offset 75g.